CHANSONS

DE

GUSTAVE NADAUD

QUATRIÈME ÉDITION

AUGMENTÉE DE 43 CHANSONS NOUVELLES.

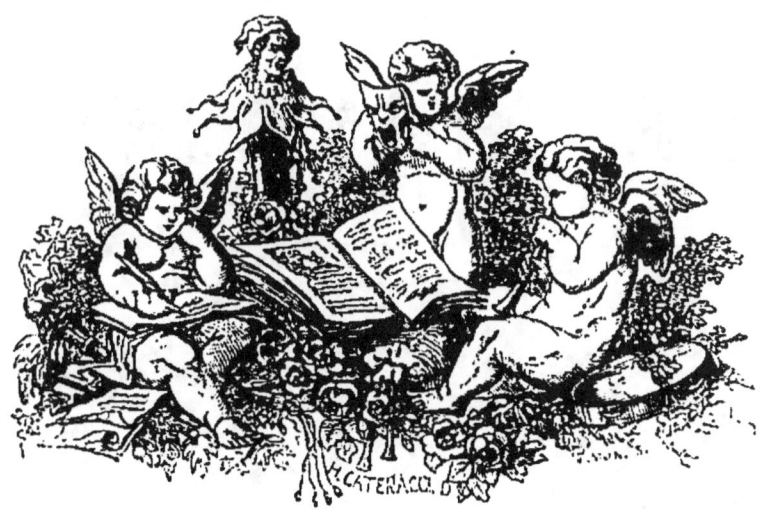

PARIS

FRÉDÉRIC HENRY, LIBRAIRE,
GALERIE D'ORLÉANS, 12.

1862

*L'auteur et l'éditeur se réservent le droit de reproduction
et de traduction à l'étranger.*

RECUEIL
DE CHANSONS.

L'auteur et l'éditeur déclarent réserver leurs droits de reproduction et de traduction à l'étranger.

Ce volume a été déposé au ministère de l'intérieur (direction de la librairie), en décembre 1861.

Paris. — Typographie de Henri Plon, imprimeur de l'Empereur,
8, rue Garancière.

RECUEIL DE CHANSONS.

AVANT-PROPOS

DE LA PREMIÈRE ÉDITION.

A mes amis, mes chansonnettes :
Ils en sont pères à moitié ;
C'est pour eux que je les ai faites ;
Je les dédie à l'amitié.
Mais, lecteur, si mon pauvre livre
Ne tient pas ce qu'ils ont promis,
Les coupables, je vous les livre :
Prenez-vous-en à mes amis.

Si je ris de tous les systèmes,
C'est qu'il faut rire un peu de tout ;
La sottise est dans les extrêmes ;
Vous me direz qu'elle est partout.
Socialistes trop crédules,
Trop incrédules endormis,
Si je vous trouve ridicules,
Prenez-vous-en à mes amis.

Ma Muse a des façons galantes
Qui des prudes feraient l'effroi ;
Pardonnez-moi, femmes clémentes ;
Pauvres maris, pardonnez-moi.
Et si quelquefois la coquette,
Un peu plus bas qu'il n'est permis,
Laisse tomber sa collerette....
Prenez-vous-en à mes amis.

LES INDULGENCES.
1857.

Sandale au pied, bâton en main,
Un jeune clerc allait à Rome ;
Il rencontre sur son chemin
Un moine qui lui dit : « Jeune homme,
De Saint-Pierre et du Vatican
Vous verrez les magnificences?
— Non, je suis fils de paysan,
J'y vais chercher des indulgences.

— Ho ! ho ! l'ami, nous avons donc
De gros péchés à reconnaître?
— Non ; je vais demander pardon
Pour ceux que je pourrai commettre.
— Mon fils, c'est prudent en effet;
Mais chacun a ses échéances :
Moi, j'attends que le mal soit fait
Pour demander des indulgences. »

Les auteurs me semblent souvent
Suivre l'exemple du bon moine.
D'abord, ils jettent à tout vent
Leur esprit et leur patrimoine :
Puis, en termes doux et léchés,
Au lecteur ils font des avances ;
On commence par les péchés,
On finit par les indulgences.

VIEILLE HISTOIRE.

Mes enfants, au coin du feu,
Quand chacun de nous se presse,
Laissez-moi penser un peu
Au vieux temps de ma jeunesse;
Laissez-moi rêver toujours
Au souvenir séculaire
Qui berça mes premiers jours....
— Vieille histoire, ma grand'mère.

Si vous saviez, mes enfants,
Comme alors nous étions belles,
Avec nos flots de rubans,
Avec nos fines dentelles !
C'était le temps des amours;
Les hommes cherchaient à plaire;
Les femmes plaisaient toujours....
— Vieille histoire, ma grand'mère.

Loin de nos salons, alors,
On laissait la politique;
Point de pianos discords,
Et point de thé britannique;
Mais un compliment bien dit,
Une épigramme légère,
De la grâce et de l'esprit....
— Vieille histoire, ma grand'mère.

Alors nous avions, enfants,
Des écrivains de génie;
Ils étaient beaucoup plus grands,
Avec plus de modestie;
Ils avaient moins de procès;
Ils apprenaient la grammaire;
Ils écrivaient en français....
— Vieille histoire, ma grand'mère.

Mes enfants, si vous saviez!
Nous avions toutes les gloires :
Les poétiques lauriers
Et la palme des victoires.
Tout s'inclinait devant nous,
Et les peuples de la terre
Nous admiraient à genoux....
— Vieille histoire, ma grand'mère.

UN BANQUET.

1847.

Air *des Cancans.*

Un banquet,
Un banquet,
Voilà ce qui nous manquait
Un banquet,
Un banquet,
Vive, vive Bilboquet !

La banque socialiste
De tous les côtés craquait,
Et, pour compléter sa liste,
Le principal lui manquait....

Un banquet,
Un banquet,
Voilà ce qui lui manquait ;
Un banquet,
Un banquet,
Vive, vive Bilboquet !

On court, on crie, on s'agite,
On met de l'huile au quinquet ;
On fait rouler la marmite,
La broche et le tourniquet....

Un banquet,
Un banquet,
Voilà ce qui nous manquait ;
Un banquet,
Un banquet,
Vive, vive Bilboquet !

Déjà la gaîté se gagne,
On prend un tour plus coquet ;
On fait frapper le champagne,
Et réchauffer le tokai....

Un banquet,
Un banquet,
Voilà ce qui nous manquait ;
Un banquet,
Un banquet,
Vive, vive Bilboquet !

Comme on boit à la patrie !...
Le vin ouvre le caquet :
Un montagnard en furie
Veut boire dans un baquet !...

Un banquet,
Un banquet,
Voilà ce qui lui manquait ;
Un banquet,
Un banquet,
Vive, vive Bilboquet !

Dans une chanson à boire
S'égare un vieux perroquet;
Un singe fait de l'histoire,
D'après Dumas et Maquet....

 Un banquet,
 Un banquet,
Voilà ce qui leur manquait;
 Un banquet,
 Un banquet,
Vive, vive Bilboquet !

On tape le ministère;
Chacun lui fait son paquet :
Richelieu 'n'est qu'un macaire,
Et Sully, qu'un paltoquet !...

 Un banquet,
 Un banquet,
Voilà ce qui leur manquait;
 Un banquet,
 Un banquet,
Vive, vive Bilboquet !

L'un prêche les alliances;
L'autre tire le briquet;
L'un tombe sur les finances,
Et l'autre, sur... le parquet !

 Un banquet,
 Un banquet,

Voilà ce qui lui manquait ;
.... Un banquet,
Un banquet,
Vive, vive Bilboquet !

Une dame se hasarde,
Timide, sous son bouquet ;
Elle parle... prenez garde !...
Non... ce n'est que le hoquet....

Un banquet,
Un banquet,
Voilà ce qui lui manquait ;
Un banquet,
Un banquet,
Vive, vive Bilboquet !

Les uns restent sous la table,
D'autres cherchent un bosquet ;
Le seul resté raisonnable
Va chez Madelon Friquet....

Un banquet,
Un banquet,
Voilà ce qui lui manquait ;
Un banquet,
Un banquet,
Vive, vive Bilboquet !

A ses amours, à la gloire,
Chez nos aïeux on trinquait,

Sans discourir sur l'histoire ;
On ne savait pas ce qu'est....

Un banquet,
Un banquet,
Voilà ce qui leur manquait
Un banquet,
Un banquet,
Vive, vive Bilboquet !

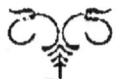

L'INVALIDE.

Noble soldat mutilé par la gloire,
Dernier débris d'un temple dévasté,
Tes ennemis, surpris de leur victoire,
Restent tremblants devant ta pauvreté.
Cent coups gagnés sur vingt champs de bataille
T'ont fait pourtant un assez beau trésor;
Comme un drapeau criblé par la mitraille,
Pauvre invalide, ils te craignent encor!

Ils t'ont connu dans leurs cités parjures,
Et chacun d'eux contemple avec effroi
Ce vieil habit, et ces larges blessures
Qu'ils t'envoyaient, en fuyant devant toi.
Des rois honteux et des palais serviles
Ton pied vainqueur brisait les trônes d'or....
Un bâton seul soutient tes pas débiles....
Pauvre invalide, ils te craignent encor.

Es-tu de ceux qu'une avalanche immense
Sur l'Italie a jetés triomphants?
De l'Allemagne abaissant la distance,
As-tu du Nord réveillé les enfants?
Es-tu de ceux que virent apparaître,
En leurs déserts, l'Oural ou le Thabor?
Soldat, tu fus de tous ceux-là peut-être...
Pauvre invalide, ils te craignent encor.

Ravis enfin à leur lente agonie,
Tu soulevais les peuples aux combats ;
Tu leur portais la gloire et le génie,
Et tu semais la France sous tes pas.
Partout, alors, de leur sainte cohorte
Ton bras guidait le généreux essor ;
Ton bras s'étend... mais un boulet l'emporte....
Pauvre invalide, ils te craignent encor.

L'heure a sonné, sens tressaillir la terre !
La liberté parle à ses nourrissons ;
Ton sang, versé sur la rive étrangère,
A fécondé d'immortelles moissons.
Entends, entends l'hymne de délivrance :
Un nom s'élève en un sublime accord,
Un nom sacré : c'est celui de la France !
Pauvre invalide, ils t'appellent encor !

LES REINES DE MABILLE*.

    Pomaré, Maria,
    Mogador et Clara,
    A mes yeux enchantés,
Apparaissez, chastes divinités !

C'est samedi ; dans le jardin Mabille,
Vous vous livrez à vos joyeux ébats ;
C'est là qu'on trouve une gaîté tranquille,
Et des vertus qui ne se donnent pas.

    Le Cerbère crépu
    M'a déjà reconnu,
    Et l'orchestre... bravo !
Est dirigé par monsieur Pilodo.

Voyez, là-bas, le sémillant Mercure,
Et ses fuseaux qui tricotent gratis,
Représentant le Dieu qui nous récure,
Et la maison G*** père et fils.

---

* Je réclame l'indulgence du lecteur pour les incorrections et les négligences dont fourmille cette chanson. Volontiers, je ne l'eusse pas publiée ; mais comme elle est devenue populaire avec tous ses défauts, je n'ai pas cru pouvoir me dispenser de lui donner une place dans ce recueil.

Dans un quadrille à part,
Voici le grand Chicard.
Avec grâce étalant
Un pantalon qui dimanche était blanc.

Ton noble front, ô grand roi de l'époque,
Porte le sceau de l'immortalité;
Mais, avec toi, ton ignoble défroque
Veut-elle aller à la postérité?

Dans ton rapide essor,
Je te suis, Mogador;
Partage mon destin,
Fille des cieux... et du quartier Latin.

En te faisant si belle d'élégance,
Ton père eût dû songer, en même temps,
A te doter d'un contrat d'assurance
Contre la grêle... et d'autres accidents.

Maria, passe l'eau,
Laisse là ton Prado :
Prodiges superflus!
L'étudiant, hélas! ne donne plus.

Que j'aime autour de ta prunelle noire
Ce cercle bleu tracé par le bonheur,
Liste d'azur qui garde la mémoire
Des amoureux effacés de ton cœur!

O grande Pomaré,
A ton nom révéré,

Ton peuple transporté
S'est incliné devant ta majesté!

Ah! cambre-toi, ma superbe sultane,
Et sous les plis, que tu sais ramener,
Fais ressortir ce vigoureux organe
Que la pudeur me défend de nommer.

  De ton humble sujet,
   Accepte ce bouquet
  Plus frais que tes appas,
Et parfumé... comme tu ne l'es pas.

Je t'aimais mieux lorsque, modeste et bonne,
O Rosita, tu faisais cent heureux;
Ta tête alors n'avait pas de couronne,
Mais elle avait encore des cheveux.

  O charmante Clara,
   Professeur de polka,
  J'aime mieux les ébats
Et les leçons que tu n'affiches pas.

Depuis dix ans, comment, sur cette foule,
As-tu gardé ce prestige enchanteur?...
C'est que, toujours, ta fontaine qui coule
De tes attraits entretient la fraîcheur.

  Coule, coule toujours,
   Fontaine des amours :
  Qui sait si, quelque jour,
Je n'irai pas y puiser à mon tour?...

Oui, tu vivras autant que la Chaumière,
Oui, sur l'airain ton nom se gravera;
On a bien fait la fontaine Molière;
Je te promets la fontaine Clara.

  En voyant ces beaux yeux,
  Ce sourire amoureux,
   Et cette gorge-là!...
Qui ne dirait : La reine, la voilà?...

Ah! que ne puis-je, en une folle orgie,
Réunissant vos quatre majestés,
Vous décerner, comme à l'Académie,
Des prix Montyon de toutes qualités!...

  Pomaré, Maria,
  Mogador et Clara,
  Quel superbe festin
Je pairai quand... il n'en coûtera rien.

VOLUPTÉ.

Plaisir suprême, adorable magie,
Prêtez un charme à mes tendres accents ;
Venez, venez, près de mon Émilie,
Remplir mon cœur et réveiller mes sens.

Loin les soucis !... arrière la contrainte !
Épanchez-vous, torrents des voluptés ;
Et sur nos cœurs, unis dans cette étreinte,
Versez, versez vos trésors enchantés.

Vins généreux, enivrante ambroisie,
Sous vos rubis que naissent les plaisirs !
Et, de la coupe où ma raison s'oublie,
Faites couler le trouble et les désirs....

O ma sultane, ô ma belle maîtresse,
De ton amant partage les transports ;
Viens sur mon cœur, ivre de mon ivresse ;
Viens dans mes bras riches de tes trésors.

De tes cheveux, aussi noirs que l'ébène,
Laisse tomber les flots au gré des vents ;
Ah ! laisse-moi vivre de ton haleine,
Voir par tes yeux et sentir par tes sens !

Lèvres de rose, épaule ravissante,
Confiez-moi tous vos enchantements ;
Marbre sensible et neige éblouissante,
Dérobez-vous sous mes embrassements.

Presse ton cœur sur mon cœur qui s'agite,
Ta main tremblante en ma tremblante main ;
Et que le cri de mon sein qui palpite
Trouve un écho palpitant dans ton sein.

Ah ! qu'il est beau, ma superbe bacchante,
De voir tes yeux rayonner de plaisir,
Et ton corps souple et ta gorge mouvante
Sous mes baisers trembler et défaillir !...

Divine extase !... ô volupté ! je t'aime !...
Durez, durez, délice solennel !
Ah ! puissions-nous, dans ce moment suprême,
Nous endormir du sommeil éternel !

NOUS SOMMES GRIS.

Il existe sur la terre
Plus d'un étrange animal
Qui prétend que tout va mal ;
Laissons dire, laissons faire ;
Nous pensons tout le contraire....

 Nous sommes gris,
  Mes amis ;
Tout marche bien en ce bas monde ;
Le ciel est bleu, la terre est ronde,
 Nous sommes gris !

Selon leur humeur chagrine,
Il faudrait changer, vraiment,
Tout... jusqu'au gouvernement !...
S'ils connaissaient sa cuisine,
Ils chanteraient, j'imagine...

 Nous sommes gris,
  Mes amis ;
Tout marche bien en ce bas monde ;
Le ciel est bleu, la terre est ronde,
 Nous sommes gris !

Ils vont se mettre en campagne,
Pour conquérir le Maroc....

N'avons-nous pas le Médoc,
La Bourgogne, la Champagne,
Et les châteaux en Espagne?...

  Nous sommes gris,
   Mes amis;
Tout marche bien en ce bas monde;
Le ciel est bleu, la terre est ronde,
  Nous sommes gris!

Quoi qu'on dise et qu'on répète,
La vertu règne partout....
Chez les avoués surtout!
La chambre entière est honnête,
Et le siècle n'est pas bête....

  Nous sommes gris,
   Mes amis;
Tout marche bien en ce bas monde;
Le ciel est bleu, la terre est ronde,
  Nous sommes gris!

La jeunesse est économe,
Les vieillards sont généreux,
Et les maris, amoureux....
Même un jésuite est un homme....
Nous irons le dire à Rome!...

  Nous sommes gris,
   Mes amis;
Tout marche bien en ce bas monde;
Le ciel est bleu, la terre est ronde,
  Nous sommes gris!

Les femmes, qu'on dit cruelles,
Pour nous n'ont plus de rigueurs
Et sollicitent nos cœurs....
Nous les voyons toutes belles,
Et nous les croyons fidèles....

    Nous sommes gris,
        Mes amis ;
Tout marche bien en ce bas monde ;
Le ciel est bleu, la terre est ronde,
    Nous sommes gris !

Jouissons du bonheur d'être,
Et prolongeons nos amours ;
Tous les plaisirs sont trop courts !...
Quand l'aurore va paraître,
Demain, nous dirons peut-être....

    Nous étions gris,
        Mes amis ;
Tout marche mal en ce bas monde ;
La terre est plate, et le ciel gronde ;
    Nous étions gris !

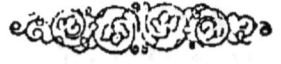

A BÉRANGER.

Air du Grenier.

C'est un festin où la gaîté préside,
D'où la franchise a banni les façons ;
Buvons, amis ; c'est dans un verre vide
Qu'on a trouvé la source des chansons.
De mets fumeux et de roses nouvelles,
Voyez, au loin, la table se charger ;
Les vins sont vieux et les amis, fidèles :
O mes amis, chantons du Béranger !

Ne vois-je pas apparaître Jeannette ?
Sans ornement son corsage est plus beau ;
Voici Margot tirant sa collerette,
Et voici Lise avec son frais chapeau.
Mais le champagne, aux robes si funeste,
Vient de donner le signal du danger :
Adieu chapeau, collerette... et le reste :
O mes amis, chantons du Béranger !

Amis, buvons ! Le vin à nos pensées
Apportera la force et la grandeur ;
Il nous rendra nos victoires passées,
Nos visions de gloire et de splendeur.

O souvenir ! du sein de nos ruines,
Avec un nom, fais pâlir l'étranger,
Et fais bondir nos cœurs dans nos poitrines :
O mes amis, chantons du Béranger !

Ils sont passés, ces beaux jours de conquêtes :
O vieux guerriers, versez, versez vos pleurs !
Brisez la lyre, ô sublimes poëtes,
Qui n'aviez pas de chants pour nos malheurs !
Dès trop longtemps, la Muse, sans défense,
Aux mains des Goths se laissait outrager ;
Mais le génie est immortel en France :
O mes amis, chantons du Béranger !

Ainsi toujours puisons dans sa parole
La souvenance et l'oubli tour à tour ;
Qu'avec le vin l'amitié nous console ;
Buvons l'espoir, le plaisir et l'amour.
Et si des gens aux faces hypocrites
En nos ébats venaient nous déranger,
Pour faire fuir les sots et les jésuites,
O mes amis, chantons du Béranger !

LA LORETTE.

Prudes sournoises,
Vertus bourgeoises,
Qui des attraits ignorez tout le prix,
Arrière, arrière,
Pauvreté fière,
Je suis lorette, et je règne à Paris.

Humble grisette, au bonnet populaire,
Aux doigts meurtris au nocturne travail,
Va, tu n'es plus qu'une ombre séculaire,
Éloigne-toi, ma chère, tu sens l'ail !

Ma pauvre fille,
De ta famille
Tu crains toujours les reproches grossiers ;
Chez moi, ma mère,
Pour se distraire,
Fait la cuisine et vernit les souliers.

Loin de la tourbe immonde et prolétaire,
Je place haut mon palais passager ;
Terme nouveau, nouveau propriétaire,
Nouvel amour ; en tout j'aime à changer.

Oiseau volage,
Sur mon passage,

A chaque fleur j'arrête mes désirs ;
   Et puis, frivole,
   Mon cœur s'envole
Sous d'autres cieux chercher d'autres plaisirs.

Je ne vis pas des soupirs de la brise,
De l'air du temps, de la manne du ciel ;
Non, non, je vis de l'humaine bêtise....
Vous le voyez, mon règne est éternel !

   Enfant crédule,
   Vieux ridicule,
Gueux ou banquier, payez, payez, mon cher :
   L'un, mes toilettes,
   L'autre, mes dettes,
Vous, mes dîners, vous, mes chemins de fer !

Chacun de vous, marquant ici sa place,
D'un souvenir a couronné mon char :
Je vois Alfred dans cette armoire à glace,
Ce canapé me représente Oscar.

   Voici le cadre
   De mon vieux ladre,
Le bracelet de mon petit futur,
   La croix bénite
   Du bon jésuite,
Le lit d'Octave et le portrait d'Arthur.

Mon mobilier, c'est ma biographie,
Qui doit finir au Mont-de-Piété ;

Et chaque objet, incident de ma vie,
Me dit encor le prix qu'il m'a coûté.

  Jeunes prodigues,
  Combien d'intrigues
Pour exciter vos folles vanités !
  Que de caresses,
  Que de tendresses,
Pour réchauffer vos cœurs, vieux députés !

Mieux que Guizot, de ma diplomatie
Je sais partout étendre les filets,
Sauver le Turc, sans froisser la Russie,
Flatter l'Espagne et conserver l'Anglais ;

  Être rieuse,
  Et vaporeuse,
Aimer le calme, et puis la Maison d'Or ;
  Être classique,
  Et romantique,
Aimer Ponsard et sourire à Victor.

Sur le carré d'une antichambre étroite,
Discrètement introduire, le soir,
L'artiste à gauche et le lion à droite,
Quand le banquier attend dans mon boudoir :

  Voilà ma vie,
  Et mon génie ;
Je sais partout être aimable à la fois ;
  Et chacun pense,
  En conscience,
Tromper un sot.... ils ont raison tous trois !

Dieu, les bons tours, les plaisantes histoires !
Les beaux romans, comme on n'en écrit pas !
Je veux un jour rédiger mes mémoires,
A la façon d'Alexandre Dumas !...

  Les cavalcades,
  Les mascarades
Se croiseront sur vélin illustré,
  Et puis les bustes
  Des fous augustes,
Abd-el-Kader, Pritchard et Pomaré !

Les gais propos, les châteaux en Espagne,
A deux, le soir, au bord du lac d'Enghien...
Puis, les soupers ruisselants de champagne,
Et les chansons qui ne respectent rien !...

  Je suis coquette,
  Je suis lorette,
Reine du jour, reine sans feu ni lieu !
  Eh bien, j'espère
  Quitter la terre,
En mon hôtel.... peut-être en l'Hôtel-Dieu.

LA LORETTE DU LENDEMAIN.

J'étais coquette,
J'étais lorette;
Mais qu'ils sont loin, mes beaux jours d'autrefois!
La république
Démocratique
A détrôné les reines et les rois!

Quelle fureur a fait tourner leurs têtes!
Hommes légers, ils ont tout jeté bas!
Ils étaient fous, ils sont devenus bêtes,
Et leurs journaux ne les guériront pas.

O décadence!
Toute la France
Fume aujourd'hui des cigares d'un sou!
L'argent est rare,
On est avare,
Et les messieurs aiment.... je ne sais'où!

Que sont-ils donc, ces fringants gentilshommes
Qui jetaient l'or sur les tapis douteux?...
Ils sont fondus, et, sottes que nous sommes,
Tous nos louis sont partis avec eux.

Adieu, conquêtes,
Joyeuses fêtes,

Où le champagne au lansquenet s'unit;
Belles soirées,
Nuits adorées,
Qu'un jeu commence et qu'un autre finit !

De mes succès voici pourtant la place;
Mais quel silence en mes salons déserts !
Sur mon sofa la poussière s'amasse,
Et tout le jour mes rideaux sont ouverts....

Plus de mystère;
Là, solitaire,
Je fais des bas ou j'arrose mes fleurs;
Et, quand arrive
La nuit tardive,
Je reste seule et je crains les voleurs !

Je ne l'ai plus, mon galant équipage;
Tom est chassé, mes chevaux sont vendus;
Mon serin seul est resté dans sa cage;
Il chante à peine, et je ne chante plus !...

Robes nouvelles,
Bijoux, dentelles,
Ma tante, hélas ! sait où je vous ai mis;
Elle s'envole,
Ma gaîté folle;
Plus de plaisirs, plus d'amants, plus d'amis !

Oiseaux plumés qu'a dispersés l'orage,
Ils vont chercher un monde plus parfait;

Mon épicier devient un personnage ;
Arthur n'est rien, Oscar est sous-préfet !

  Mon cœur est vide,
  Mon front se ride ;
Mon boulanger ne me fait plus crédit....
  Je crois qu'on sonne !...
  Non, non, personne....
Que devenir en cet état maudit ?

Faudra-t-il donc, pour gagner l'existence,
Tombant plus bas dans mon étroit sentier,
De mes attraits tarifer l'impudence,
Et du plaisir enseigner le métier ?

  Ou bien, plus sage,
  Dans un village
Irai-je, au loin, racheter mon passé ?
  Ou, pauvre fille,
  Avec l'aiguille,
Dois-je finir comme j'ai commencé ?

Ou bien, quittant cette terre chérie,
Irai-je enfin chercher fortune ailleurs ?...
Non, non, jamais !... La France est ma patrie ;
Je veux attendre ici des jours meilleurs.

  J'étais coquette,
  J'étais lorette ;
Mais qu'ils sont loin, mes beaux jours d'autrefois !
  La république
  Démocratique
A détrôné les reines et les rois !

LE MELON.

J'aime la terre de bruyère,
J'aime les rayons du soleil;
A sa bienfaisante lumière,
Je deviens riant et vermeil.
J'aime la cloche bien fermée
Qui me défend de l'aquilon;
J'aime une couche parfumée :
    Je suis melon.

Je suis l'unique providence
Des charlatans et des auteurs;
Je suis la dernière espérance
Des filous et des directeurs.
Je suis le héros des bitumes,
Et dans les mines de charbon
Je prends des actions posthumes :
    Je suis melon.

Je crois aux éternelles flammes
Des maris anciens et nouveaux,
A la fidélité des femmes,
A la bonne foi des journaux,
Aux convictions politiques
De Démosthène et de Platon,
Aux peupliers démocratiques
    Je suis melon.

Je pousse dans la chambre unique
(J'en aimerais deux cependant)
Et je couvre la république
Sous la cloche du président.
Dans cette fertile Champagne,
Je pousse, à côté du chardon,
Jusqu'au sommet de la montagne :
    Je suis melon.

En un mot, je suis le seul maître
De ce globe où nous végétons ;
Et, dans les planètes, peut-être
Ai-je d'illustres rejetons.
Vous, enfin, juges peu sévères,
Qui m'écoutez là.... tout de bon,
Donnez-moi la main, chers confrères,
    Je suis melon.

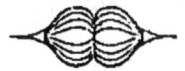

L'AUTOMNE.

Déjà l'automne maladive
Du temps précipite le cours,
Chassant la saison fugitive
De la jeunesse et des amours.
J'ai vu mourir les fleurs nouvelles,
Jaunir l'ombrage du bois vert;
J'ai vu s'enfuir les hirondelles :
Printemps, adieu; salut, hiver.

Plus de romanesques voyages
Où le hasard guide nos pas;
Plus de joyeux pèlerinages
Que Lisette n'avoûrait pas !
Mais, près du foyer sédentaire,
Réglant nos droits et nos devoirs,
Nous allons réformer la terre :
Longs jours, adieu; salut, longs soirs.

Des souvenirs de la jeunesse
Nous avons une ample moisson;
Chacun de nous à sa maîtresse
Dit adieu dans une chanson.
Mais le temps, qui flétrit les roses,
Des fruits amène la saison;
Laissons les mots, pensons aux choses :
Plaisirs, adieu; salut, raison.

L'âge survient, l'âge nous chasse;
Après nous, nos fils vont venir;
Sans regret de tout ce qui passe,
Portons nos yeux vers l'avenir.
Et si quelque image chérie
Parfois revient nous émouvoir,
Ne pensons plus qu'à la patrie!...
Regrets, adieu; salut, espoir.

TROMPETTE.

Trompette, Trompette, Trompette,
  Est-ce là votre nom?
    Non.
Mais vous ne souffrez pas, coquette,
  Qu'on vous appelle ainsi?
    Si.

Trompette, Trompette, Trompette,
  Vous me trompez toujours;
Trompette, Trompette, Trompette,
  Vous êtes mes amours.

Trompette est le nom d'une fille;
  Elle a des cheveux blonds,
    Longs.
L'amour, qui dans ses yeux petille,
  Ne repose jamais....
    Mais,

Trompette, Trompette, Trompette,
  Vous me trompez toujours;
Trompette, Trompette, Trompette,
  Vous êtes mes amours.

Trompette, ma belle maîtresse,
J'aurais moins de souci,
Si
Vous possédiez plus de sagesse,
De grâces, moins, d'appas,
Pas.

Trompette, Trompette, Trompette,
Vous me trompez toujours ;
Trompette, Trompette, Trompette,
Vous êtes mes amours.

※

Trompette, Trompette, Trompette,
Pourquoi montrer partout
Tout ?
Cachez plutôt cette toilette,
Cet or et ce brocart ;
Car,

Trompette, Trompette, Trompette,
Vous me trompez toujours ;
Trompette, Trompette, Trompette,
Vous êtes mes amours.

※

Elle m'a trahi sans vergogne
Pour trois ou quatre Anglais
Laids ;
Pour un vieux prince de Pologne,
Et pour deux palatins
Teints !...

Trompette, Trompette, Trompette,
    Vous me trompez toujours;
Trompette, Trompette, Trompette,
    Vous êtes mes amours.

Mais, va, je t'oublirai moi-même;
    C'est déjà tout à fait
        Fait!
Si je dis encor que je t'aime,
    Réponds que ton amant
        Ment!...

Trompette, Trompette, Trompette,
    Vous me trompez toujours;
Trompette, Trompette, Trompette,
    Vous êtes mes amours.

Trompette, je suis en colère,
    Et j'en deviens, morbleu!
        Bleu.
Mais quoi? vous souriez, ma chère,
    Et ma mauvaise humeur
        Meurt....

Trompette, Trompette, Trompette,
    Vous me trompez toujours;
Trompette, Trompette, Trompette,
    Vous êtes mes amours.

JE M'EMBÊTE!

Je n'aime pas les hommes d'aujourd'hui,
Encore moins aimerais-je les choses;
Assez de gens cueillent toutes les roses;
Moi, je ne vois que soucis et qu'ennui!
Je voudrais bien n'être pas malhonnête,
Et n'employer que des termes courtois;
Mais je le dis en ignoble patois :
    Moi, je m'embête!...

Je vois pourtant des gens qui, sans remord,
Vont à la Bourse apprendre les nouvelles,
Et s'informer des baisses éternelles
Des fonds d'Espagne et des chemins du Nord.
En écoutant l'effroyable tempête,
Les hurlements des agents aux abois,
Ces bonnes gens s'amusent, je le vois;
    Moi, ça m'embête!...

Au cabaret, en lisant les journaux,
Nos bons bourgeois font de la politique;
On démolit la jeune république;
On casse tout, verres et dominos;
On se dispute, on crie, on se répète;
En pourfendant les peuples et les rois,
Ces braves gens s'amusent, je le crois;
    Moi, ça m'embête!...

Nos élégants, Anglais par leurs dehors,
Par leur langage et par leur esprit rare,

Vont promener la canne et le cigare,
L'habit sans pans et le chapeau sans bords.
A s'incruster un lorgnon dans la tête,
A se poser en lions, premier choix,
Ces singes-là s'amusent, je le vois;
  Moi, ça m'embête!...

De l'Opéra jusques au Lazary,
Toutes les nuits, la province et la ville
Vont se pâmer avec monsieur Clairville,
Ou pleurnicher sur monsieur Dennery.
Du triste sort d'un amoureux honnête,
Des calembours d'un histrion grivois,
Ce bon public s'amuse, je le vois;
  Moi, ça m'embête!...

De ces plaisirs, que je ne comprends pas,
Je suis jaloux..... Je porte encore envie
Aux curieux qui dépensent leur vie
A lire Sue, et Gozlan, et Dumas;
Mais, mieux encor, cet auteur qui s'entête
A publier la même œuvre vingt fois,
H. de Balzac, doit s'amuser, je crois;
  Moi, ça m'embête!...

Pour en sortir, il n'est que deux chemins,
Le suicide, ou bien le mariage;
Et ce dernier me sourit davantage,
Quoi qu'en ait dit le commun des humains.
Ma foi, tant pis! Je veux risquer ma tête;
Et je ne puis qu'y gagner, je le crois;
Car les maris s'amusent... quelquefois...
  Et je m'embête!...

MA FEMME N'EST PAS LA.

Vive la bombance
Et la danse !
Je veux me donner du plaisir
A loisir.
Au diable le ménage,
Les pleurs et le tapage !
Ma femme n'est pas là,
Voilà !

Madame est en cage ;
Bon voyage !
Charbonnier est maître chez lui
Aujourd'hui !
Je veux faire une noce,
Une noce féroce :
Ma femme n'est pas là,
Voilà !

Arrivez, vous autres,
Bons apôtres,
Amoureux de goûter le vin
Du voisin !
Dégustons beaune et grave :
J'ai la clef de la cave...
Ma femme n'est pas là,
Voilà !

A notre victoire
Je veux boire;
Restons ici jusqu'à demain,
Verre en main.
Chantons la gaudriole,
Dansons la Carmagnole...
Ma femme n'est pas là,
Voilà !

S'il est une fille
Bien gentille
Qui veuille tâter d'un mari
Bien nourri,
Qu'elle vienne à ma table;
Je serai bien aimable....
Ma femme n'est pas là,
Voilà !

VOILA POURQUOI JE SUIS GARÇON.

Ah! si jamais je me marie,
Je veux, lorsque viendra mon tour,
Être amoureux à faire envie
A tous les couples d'alentour.
Je veux, doux, bénin et fidèle,
Être sans crainte et sans soupçon;
Je veux être un mari modèle....
Voilà pourquoi je suis garçon.

Il doit exister sur la terre,
L'ange que j'ai rêvé toujours;
En lui j'ai foi, par lui j'espère;
De lui j'attends longues amours.
Illusion, sainte vestale,
Dore toujours mon horizon;
J'ai rêvé la femme idéale....
Voilà pourquoi je suis garçon.

Je ne veux pas d'une coquette,
Ou d'une femme à sentiments,
Qui ne songe qu'à sa toilette,
Ou qui compose des romans.
Je ne veux pas d'une harpie
Qui me fasse ici la leçon;
Et je ne veux pas d'une pie....
Voilà pourquoi je suis garçon.

Je veux garder toute ma vie
Sur moi-même un pouvoir complet,
Sortir lorsque j'en ai l'envie,
Et rentrer quand cela me plaît ;
Ouvrir ou fermer ma fenêtre ;
Garder ou vendre ma maison ;
Enfin je veux être mon maître...
Voilà pourquoi je suis garçon.

Je veux que cette femme aimable
Me trouve bon, gentil, charmant,
Beau, spirituel, adorable ;
Mais tout cela sans compliment ;
Qu'elle ait toutes mes fantaisies,
Et ne pense qu'à ma façon ;
Et qu'elle aime mes poésies....
Voilà pourquoi je suis garçon.

Je veux, quand je serai grand-père,
Malgré tous mes petits-enfants,
Chez moi, choquer encor le verre
De mes amis de soixante ans !
Je veux, en chœur, que nos voix grêles
Pleurent quelque vieille chanson
Aux vrais amis, au vin, aux belles !
Voilà pourquoi je suis garçon.

Si j'étais comme Mithridate,
Je m'exposerais au danger ;
Mais ma santé plus délicate
M'ordonne de me ménager.

Je crains l'opium dans mon potage,
Et l'arsenic dans ma boisson,
Et les boulettes du ménage....
Voilà pourquoi je suis garçon.

Enfin, j'ai connu la détresse
De tant de malheureux époux,
Que je me suis fait la promesse
De n'être pas ce qu'ils sont tous.
C'est peut-être trop de scrupule :
On n'en meurt pas, dit la chanson ;
Mais moi, je crains le ridicule....
Voilà pourquoi je suis garçon.

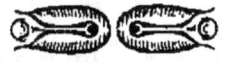

IVRESSE

Des âmes pures
Dieu souverain,
Tu bannis le chagrin,
Tu fermes nos blessures.

O vin vermeil, ô vin sacré,
Reviens à moi, ma voix t'implore :
Calme l'ennui qui me dévore,
Et rends-moi le ciel azuré !

Plus de colères,
Plus de soucis ;
Tu rends à nos esprits
Les riantes chimères.

Coule toujours, divin trésor ;
Ce que je veux, c'est ton ivresse,
C'est ta vapeur enchanteresse
Qui fait naître les rêves d'or.

Tout se colore
A l'horizon,
Et la froide raison
Avec toi s'évapore.

Tout est doré, tout est vermeil ;
Le passé n'est plus qu'un nuage ;

Le présent dans mon verre nage,
Et l'avenir, c'est le sommeil.

  La brise est pure,
   L'air embaumé;
  Tout est riant, aimé;
  Tout soupire et murmure.

Concerts divins, je vous entends
Pour moi le ciel n'a plus de voiles,
Et je contemple les étoiles,
Et je songe à leurs habitants!

   Est-ce un prodige?
   Est-ce une erreur?
  L'univers en fureur
  S'abandonne au vertige!

En vain je veux la retenir;
La vieille terre est ébranlée :
La terre tourne!... O Galilée,
Je veux boire à ton souvenir!

   Sainte ambroisie,
   A ta chaleur,
  L'amour renaît au cœur
  Et la haine s'oublie.

Mes amis, venez dans mes bras;
Je suis en pleurs, l'amour m'inonde;
J'aime le ciel, j'aime le monde;
J'aime ceux que je n'aime pas!

J'aime les cuistres,
Et les enfants,
Et les pâles savants,
Et même nos ministres;

J'aime les rois, l'hiver, les chiens,
Et les poëtes romantiques,
Et j'aime les mathématiques,
Et les mathématiciens!...

Par toi, tout change,
Tout rajeunit;
Et tu donnes l'esprit
Et l'amour sans mélange.

Par toi, les vieillards sont surpris
De se sentir encor des flammes;
Les maris embrassent leurs femmes,
Les femmes baisent leurs maris!

Encore! encore!
Mais suis-je fou?
La bouteille au long cou
S'arrondit en amphore!

Versez toujours! versez encor!
Mais arrière le vin moderne!
Ce que je bois, c'est le falerne
Qui petille en ma coupe d'or.

Plus de cravate,
Plus de gilet;
Je foule le duvet
Sous ma toge écarlate.

J'entends la flûte aux airs si doux,
Et cet ami-là, c'est Horace,
Qui descend exprès du Parnasse
Pour venir trinquer avec nous.

O Messaline,
Viens dans mes bras;
Dévoile tes appas,
Ouvre-moi ta poitrine :

Je veux t'aimer en vrai Romain.
Allons, esclave, allons, des roses !
C'est bien. Va-t'en !... et, si tu l'oses,
Reviens nous éveiller demain !...

MADELEINE.

Air de chasse : *Hallali.*
Ou . *Voici la saison de l'automne.*

Avez-vous connu Madeleine,
La belle fille aux blonds cheveux,
  Aux yeux bleus?
Toujours son auberge était pleine,
Tous les chasseurs en étaient amoureux.

Pas n'était besoin, dans la plaine,
D'appeler les chasseurs joyeux
  De tous lieux;
On se trouvait chez Madeleine....
Tous les chasseurs en étaient amoureux.

Pour avoir la meilleure place,
On dit que plus d'un amoureux
  Matineux
Devançait l'heure de la chasse....
Tous les chasseurs en étaient amoureux.

Mais souvent le premier lui-même,
Qui venait courant et poudreux,
  Mais heureux,
Se trouvait être le deuxième....
Tous les chasseurs en étaient amoureux.

Madeleine ! Qu'elle est gentille !
La peau blanche, les bras nerveux,
  Les beaux yeux !
Madeleine, ouvre-nous la grille....
Tous les chasseurs en étaient amoureux.

Chacun entre, chacun l'embrasse :
Madeleine, quel est l'heureux
  Que tu veux?
— Allons, partez, et bonne chasse....
Tous les chasseurs en étaient amoureux.

Et, tandis que la troupe avide,
Au loin, fait retentir les cieux
  De ses feux,
La belle à la broche préside....
Tous les chasseurs en étaient amoureux.

Puis, au retour, sa main amie
Leur verse les flots généreux
  D'un vin vieux;
Et déjà la table est servie....
Tous les chasseurs en étaient amoureux.

Qu'elle est charmante, qu'elle est folle !
Chacun boit à ses jolis yeux,
  Et bien mieux !...
Elle chante une gaudriole....
Tous les chasseurs en étaient amoureux.

Ah ! pauvre fille, prenez garde !
Les braconniers sont dangereux,
  Et nombreux....

Du coin de l'œil on vous regarde....
Tous les chasseurs en étaient amoureux.

O Madeleine ! Madeleine !
Qui donc choisirez-vous entre eux?...
Un ou deux?...
Mais ils sont une quarantaine....
Tous les chasseurs en étaient amoureux.

Or, Madeleine devint mère,
Mère d'un petit malheureux
Vigoureux !
Comment reconnaître son père?...
Tous les chasseurs en étaient amoureux.

Il avait les yeux de Gustave,
Le teint d'Arthur, et les cheveux
De tous deux ;
Le front d'Edmond, le nez d'Octave....
Tous les chasseurs en étaient amoureux.

Madeleine, jeunesse passe !
Épousez un rustaud, tant mieux,
S'il est vieux !
Son mari fut fait.... garde-chasse....
Tous les chasseurs en étaient amoureux.

AUJOURD'HUI ET DEMAIN.

Mes amis, le bonheur est un rêve ;
De plaisirs entourons ses autels ;
Le temps fuit et le banquet s'achève,
Les flacons ne sont pas immortels.
Mais, du moins, dans leurs gouttes dernières
Savourons de renaissants désirs ;
A demain les humaines misères,
Aujourd'hui les rapides plaisirs !

Mes amis, nous avons la jeunesse,
Nous avons la force et la santé ;
Nous avons les songes de l'ivresse,
Et les sens, et la virilité.
Que longtemps notre gaîté recule
Le moment où ces biens vont finir ;
A demain la raison incrédule,
Aujourd'hui la foi dans l'avenir !

A nous seuls les bruyantes parties,
Le franc rire et les refrains joyeux ;
A nous seuls les chaudes sympathies ;
A nous seuls les amis généreux.
Doux liens, où le cœur seul nous guide,
Devez-vous être un jour oubliés ?...
A demain l'égoïsme sordide,
Aujourd'hui les saintes amitiés !

Assez tôt viendront d'autres tendresses,
Qui, dit-on, doivent durer toujours;
Nous avons les changeantes maîtresses,
Et les nuits plus belles que les jours!
Nous avons les tailles adorables,
Les yeux noirs et les seins argentés!
A demain les amours raisonnables,
Aujourd'hui les folles voluptés!

Mes amis, le vin fuit les bouteilles;
La clarté va manquer aux flambeaux,
Et les fleurs meurent dans leurs corbeilles,
Et nos chants expirent moins égaux.
O destin, accorde-nous encore
Un seul jour radieux et vermeil....
Mes amis, voici poindre l'aurore :
Saluons notre dernier soleil!

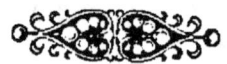

MA CLÉ.

Tu n'as pas brillante mine,
Tu n'es d'or ni de platine,
Mais de vilain fer raclé.
Pourtant tu sais si je t'aime;
Je te dois tout un poëme,
    O ma clé!

Des fâcheux de toute sorte
Toi seule défends ma porte;
Me voilà clos et cerclé.
Mais que l'amitié t'appelle,
Tu l'introduis sans chandelle,
    O ma clé!

A ton vieux clou suspendue,
Tu pares la loge indue
D'un portier fort mal meublé;
Et tous ceux qui savent lire
Savent ce que tu veux dire,
    O ma clé!

Si parfois, en mon absence,
Quelques amis en bombance
Viennent lever le scellé,
Remplace-moi; qui perd gagne;
Livre-leur tout mon champagne....
    O ma clé!

Et tu protéges encore
Les mystères de l'aurore,
Lorsque mon lit est doublé
En rougissant, une vierge
Te demande à ma concierge
  O ma clé !

Ouvre-lui mon nécessaire,
Ma caisse et mon secrétaire,
Où gît un drame bâclé ;
Adèle est honnête et tendre,
Et puis, je n'ai rien à prendre....
  O ma clé !

Il est tard, chère Julie,
Ouvre-moi, je t'en supplie,
Ta porte et ton lit renflé ;
J'ai perdu, ma toute belle....
— Quoi?... Ta bourse?... me dit-elle.
  — Non, ma clé !

Pour moi qui n'ai pas de garde,
De suisse avec hallebarde,
Ni de valet bien bouclé,
Qui me remplace ces braves,
Et qui siffla les Burgraves?...
  C'est ma clé !

ADÈLE.

Adèle est une lorette,
Elle vit de ses amours;
Elle change tous les jours
D'amant comme de toilette,
Et chacun de ses désirs
Lui coûte un ou deux plaisirs.
Mais dans sa noire prunelle
Brille tant de volupté!...
Adèle, ma pauvre Adèle,
Cela vous sera compté.

Adèle a tous les caprices;
Il lui faut tous les bonheurs,
Des valets, de l'or, des fleurs,
Tous les luxes, tous les vices!
Elle se livre au premier
Qui sait plaire ou peut payer....
Mais Dieu, qui la fit si belle,
Lui donna tant de bonté!...
Adèle, ma pauvre Adèle,
Cela vous sera compté.

De sa livrée insolente,
De ses chevaux hennissants
Elle insulte les passants;
La courtisane indolente

Éclabousse sans pitié
La vertu qui marche à pié !
Mais, au pauvre qui l'appelle,
Elle fait la charité....
Adèle, ma pauvre Adèle,
Cela vous sera compté.

L'été la fait châtelaine ;
Elle a des prés et des bois,
Un manoir, des villageois
Dont elle est la souveraine.
Elle va, par ses vilains,
Se faire baiser les mains ;
Mais elle sème autour d'elle
Le bien-être et la gaîté....
Adèle, ma pauvre Adèle,
Cela vous sera compté.

En ses mains l'or s'éparpille ;
Il s'envole au gré du vent ;
Un jour dévore souvent
L'aisance d'une famille !
Mais on m'a dit qu'en secret
A sa mère elle envoyait
Le pain, le bois, la chandelle,
Le repos et la santé....
Adèle, ma pauvre Adèle,
Cela vous sera compté.

Adèle eut, dès son enfance,
Un fils, espoir de son cœur ;
C'est sa dernière pudeur.

De loin, sur son innocence
Elle veille avec amour;
Il sera soldat un jour....
Sans jamais connaître celle
Dont rougirait sa fierté !...
Adèle, ma pauvre Adèle,
Cela vous sera compté.

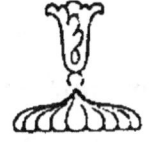

LES MOIS.

Il faut de la philosophie
Pour supporter les coups du sort;
C'en est fait, je me sacrifie,
Demain, demain, je serai mort!
Ma future est jeune, elle est belle,
Et je l'aimerai, je le dois;
Je veux toujours être auprès d'elle....
    Mais dans un mois....

On me polit, on me façonne
Aux mœurs de mon nouvel emploi,
Et des avis que l'on me donne
Je me suis fait un code à moi;
Je suis comme l'agneau sans tache,
Je baisse les yeux et la voix;
On m'a fait couper ma moustache....
    Mais dans deux mois....

J'aimais à fumer un cigare,
J'avais de généreux amis,
Et toujours le plaisir avare
A nos banquets était promis.
Je ne bois que de l'eau rougie;
Adieu les chansons d'autrefois
Et les bienfaits de la régie....
    Mais dans trois mois....

Femmes jeunes, femmes jolies,
Que de regards j'avais pour vous !
Que de désirs, que de folies !...
Passez, passez autour de nous.
Gardez pour un œil moins sévère
Vos traits fins et vos frais minois ;
J'ai perdu le droit de vous plaire....
    Mais dans six mois !...

Ma foi, nargue de la tristesse !
Je veux, tandis que le jour luit,
Faire ma seconde jeunesse
Et prolonger le temps qui fuit.
A tout soupçon inaccessible,
Je serai bon mari, je crois,
Et père.... le plus tard possible....
    Mais dans neuf mois !...

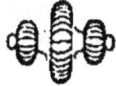

LA CHAUMIÈRE.

O bayadères,
Nymphes légères,
Loin de Paris s'envolent les hivers;
Venez, fringantes
Étudiantes,
L'air est limpide et les bosquets sont verts.

Que du printemps les aimables prémices,
Du noir Prado fermant les deux battants,
Rouvrent vos cœurs aux amoureux caprices,
Et la Chaumière à vos pas inconstants.

Dans leur volage
Pèlerinage,
Voyez, là-bas, cent couples assortis
Suivre avec grâce
Du mont Parnasse
Les frais berceaux et les jardins fleuris.

Voyez bondir chaque fille rieuse,
En éteignoir son chapeau se pencher,
Et sa mantille accuser, la flatteuse!
Tous les contours qu'elle devrait cacher.

Mines coquettes,
Riches toilettes,

Venez briller dans le joyeux séjour;
   Heureux délire!
   Tout y respire
La volupté, la jeunesse et l'amour.

Sous ces bosquets, pavillons tutélaires,
Sur ces gazons, ingénieux sofas,
Que de plaisirs, que d'étranges mystères,
Que l'on comprend, et que l'on ne dit pas!

   Discrets bocages,
   Sous vos ombrages
Cachez toujours ces charmantes erreurs,
   Et ces pensées
   Jadis tracées
Sur les rameaux de vos lilas en fleurs!

Peut-être un jour, quand nos têtes blanchies
Se courberont sur nos corps énervés,
Trouverons-nous sur vos tiges grandies
Des souvenirs par vous seuls conservés!

   Réminiscence
   De notre enfance,
Que vous ferez alors battre nos cœurs!
   Biens éphémères,
   Fleurs passagères,
Nos yeux taris vous donneront des pleurs!

Mais à présent que la force et la vie
Dans tous nos sens circulent à grands flots,
Enivrons-nous.... Aujourd'hui la folie,
Le bruit, le monde!... et demain, le repos.

O ma déesse
Enchanteresse,
Viens, épuisons la coupe du plaisir,
Source idéale,
Où tout exhale
Un souffle, un chant, un parfum, un désir!

Vois, comme nous, la nature avivée
Des bois épais nous offrir le manteau;
Là, l'herbe fraîche, en tertre relevée,
Étend au loin son canapé nouveau.

Puis, des montagnes,
Vois tes compagnes
Rouler gaîment, en se donnant la main,
Cohorte blanche,
Que l'avalanche
Rapide entraîne au fond de ce ravin.

Et maintenant, amazone hardie,
Presse les flancs du Pégase indompté,
Qui, comme plus d'un moderne génie,
Descend toujours, dès qu'il est remonté!

Avec audace,
Franchis l'espace;
De ton coursier je suis les pas bruyants;
Et dans l'abîme,
Couple sublime,
Élançons-nous, radieux et chantants!

Puis, nous irons du chalet helvétique
Entendre encor l'orchestre campagnard,

Où le piston pastoral et rustique
Redit les airs du champêtre Musard.

  Vite à la danse
  Chacun s'élance ;
Sur le bitume on se presse, on accourt ;
  Vole et frétille
  Dans le quadrille,
Gai colibri, qui rayonnes d'amour.

Quel cri perçant domine la tempête ?
Angélina rappelle ses époux ;
Ainsi, le soir, l'amoureuse chouette
Dans les forêts réveille les hiboux.

  Peuple frivole,
  Le temps s'envole,
Chantez, dansez !... Mais que vois-je là-bas ?...
  Cette figure,
  Étrange et mûre,
Sur ce grand corps qui circule à grands pas ?

Parmi les fleurs et les willis vermeilles,
Que viens-tu faire ici, sylphe ventru ?
Épais frelon, au sein de nos abeilles,
Viens-tu chercher le miel qui nous est dû ?

  Non, c'est Lahire,
  Qui, sans sourire,
Promène au loin son regard vigilant ;
  Sa main sévère,
  Et peu légère,
De ses massifs extirpe le chiendent !

Pourquoi donner cent bras à Briarée ?
Au brave Argus pourquoi donner cent yeux ?
Avec sa vue et sa poigne sacrée,
Lahire eût pu les remplacer tous deux.

  Mais le bruit cesse ;
  Chacun s'empresse
De regagner ses pénates lointains ;
  Puis, dans les rues,
  Cent voix émues
Vont réveiller tous les échos latins.

De tous côtés, voyez, dans la nuit sombre,
S'évanouir l'essaim mélodieux ;
Puis tout se tait, on n'entend plus, dans l'ombre,
Qu'Angélina poussant son cri d'adieux.

  Allez, fringantes
  Étudiantes,
Allez trouver, étudiants joyeux,
  Dans vos chambrettes,
  Sur vos couchettes,
Le repos seuls ou le plaisir à deux !

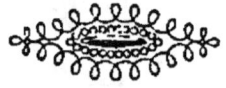

LES GRANDS-PÈRES.

Du temps de vos grands-pères,
Vertueux grands-papas,
Vous étiez moins sévères,
Et vous ne grondiez pas.
Ils vous faisaient la guerre,
Ils faisaient comme vous ;
Mais vous n'écoutiez guère,
Vous faisiez comme nous.

D'une âme fort égale
Écoutant leurs leçons,
Quand ils parlaient morale,
Vous répondiez... Chansons !
Et, sans reprendre haleine,
Vous alliez, jeunes fous,
Courir la pretantaine..,
Vous faisiez comme nous.

Vous faisiez des victimes,
Ingrats !... Vous les trompiez ;
Vous trompiez vos intimes,
En trompant leurs moitiés ;
Et vous trompiez les vôtres,
Qui souvent, avant vous,
En avaient trompé d'autres....
C'était comme chez nous.

Lorsque, changeant de rôles,
Nous aurons des enfants,
Nous trouverons les drôles
Pires que leurs parents,
Les amants moins fidèles,
Moins sages les époux,
Et les beautés moins belles;
Nous ferons comme vous.

Mais si jamais, lassée
De son trop long repos,
La France menacée
Agitait ses drapeaux;
Reprenant votre épée,
Que l'Europe à genoux
De son sang vit trempée,
Nous ferions comme vous!...

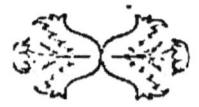

L'INCONNU.

Il est un pays plein de charmes,
Qui dans mes plaisirs ou mes larmes,
Souvent, souvent, est revenu ;
Est-il au couchant, à l'aurore,
Au nord, au midi ?... Je l'ignore :
    C'est l'inconnu !...

Là, règnent la vertu profonde,
La paix du cœur, l'oubli du monde ;
Là, tout est chaste et retenu :
Le cri des passions humaines
N'atteint pas à ces hauts domaines :
    C'est l'inconnu.

Les fleurs y naissent sans culture ;
A toute chose, la nature
Prête son éclat ingénu ;
Tous les cœurs sont droits et sincères,
Tous les hommes s'aiment en frères :
    C'est l'inconnu.

Là, le pouvoir n'a pas d'entraves ;
L'or n'y sema jamais d'esclaves.
Sans usure et sans revenu,

Là, toute richesse est commune,
Le bonheur seul fait la fortune :
    C'est l'inconnu.

Point de royautés légitimes !
L'homme, sans juges et sans crimes,
Par nul lien n'est retenu ;
L'air libre et pur de la patrie
Est mortel à la tyrannie :
    C'est l'inconnu.

O toi, qui m'ouvres ces contrées,
Au ciel pur, aux plaines dorées,
Beau-rêve, sois le bienvenu :
Par toi sont les vierges fidèles,
Par toi, les amours immortelles....
    C'est l'inconnu !

UN PROPRIÉTAIRE.

Je possédais un parent
Infirme et millionnaire,
Qui m'appelait son enfant;
Il mourut, ce pauvre père,
Me léguant mille soucis,
Trois rhumatismes chroniques,
Et six maisons magnifiques
Sur le pavé de Paris.

    Ah! monsieur, la misère!...
    N'apprenez pas un jour
    Ce qu'il en coûte pour
    Être propriétaire.

Je ne puis, dans ma maison,
Dormir, ni manger, ni boire;
Pan! pan! pan! c'est un maçon,
Qui m'apporte son mémoire.
Tout conspire contre moi,
Peintres, couvreurs, architectes,
Contributions directes
Qu'on double par une loi!...

    Ah! monsieur, la misère!...
    N'apprenez pas un jour
    Ce qu'il en coûte pour
    Être propriétaire.

J'en possède jusqu'à six,
De ces portiers que j'abhorre,

Qu'il me faut loger gratis,
Et qu'il faut payer encore !
Mais ce n'est rien que cela ;
Chacun d'eux veut que j'insère
Son fils dans un ministère,
Et sa fille à l'Opéra....

 Ah ! monsieur, la misère !...
 N'apprenez pas un jour
 Ce qu'il en coûte pour
 Être propriétaire.

Quatre fois par an, hélas !
Pour toucher mes honoraires,
Je dois aller, chapeau bas,
Frapper chez mes locataires.
Du ton le plus radouci,
J'ai beau demander mes termes,
On m'accueille dans des termes
Que je ne puis dire ici....

 Ah ! monsieur, la misère !...
 N'apprenez pas un jour
 Ce qu'il en coûte pour
 Être propriétaire.

L'un me demande du jour,
Un autre, de l'éclairage :
Les modistes de ma cour
Me demandent de l'ouvrage !
Enfin ils s'entendent tous
Pour consommer ma ruine,
Jusqu'à madame Fifine
Qui demande des verrous !

Ah ! monsieur, la misère !...
N'apprenez pas un jour
Ce qu'il en coûte pour
Être propriétaire.

Sur mon dos, plus d'un quinquet
S'est renversé par mégarde ;
Dans un trou de son parquet
M'a fait tomber ma mansarde ;
Enfin, croiriez-vous qu'un jour
Un artiste du cinquième
M'a, sur mon escalier même,
Appelé « monsieur Vautour ?... »

Ah ! monsieur, la misère !...
N'apprenez pas un jour
Ce qu'il en coûte pour
Être propriétaire.

Je chassai de ma maison
Ce locataire incommode,
Gardant, comme de raison,
Son vieux lit et sa commode.
Or, savez-vous ce qu'il fit ?...
En dépit de la censure,
Il fit ma caricature,
Que l'on vend à son profit.

Ah ! monsieur, la misère !...
N'apprenez pas un jour
Ce qu'il en coûte pour
Être propriétaire.

URSULE.

Dans ma chambre solitaire,
    J'étais, ce matin,
Dormant comme un prolétaire,
    Quand un beau lutin,
De mon étroite cellule,
    Brisa les verrous;
J'ai rêvé de vous, Ursule,
    J'ai rêvé de vous.

Il avait votre visage,
    Mais plus indulgent;
Il avait votre corsage,
    Mais plus engageant;
Il avait l'air plus crédule,
    Et les yeux plus doux....
J'ai rêvé de vous, Ursule,
    J'ai rêvé de vous.

Votre pudeur alarmée
    Cachait son beau corps;
Sa robe, trop tôt fermée,
    Couvrait vos trésors;
Mais sa robe était de tulle,
    Si bien qu'au-dessous....
J'ai rêvé de vous, Ursule,
    J'ai rêvé de vous.

Il s'approcha de ma couche,
　　Mais si près, si près,
Que vos lèvres à ma bouche
　　Disaient leurs secrets;
Puis, oubliant tout scrupule,
　　J'en rougis pour nous....
J'ai rêvé de vous, Ursule,
　　J'ai rêvé de vous.

Mais je m'éveillai, ma chère,
　　Au plus doux moment;
Et quand j'ouvris la paupière,
　　A moitié dormant,
Dans mon amour ridicule,
　　Sens dessus dessous,
Je rêvais encore, Ursule,
　　Je rêvais de vous!...

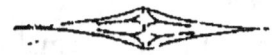

AU COIN DU FEU.

Déjà l'hiver rappelle
Nos députés errants,
Et la troupe nouvelle
Des écoliers bruyants,
Les beautés voyageuses
Et les chastes baigneuses....
    Au coin du feu,
    Causons un peu.

Causons de toute chose,
De nos anciens amis,
D'arts, de vers et de prose,
Et de plaisirs permis;
Des beaux jours de la vie,
Et de philosophie....
    Au coin du feu,
    Causons un peu.

Tenons-nous sur nos gardes :
Pas d'avocats taquins,
Pas de femmes bavardes,
De vieux républicains !
Braillards de toute sorte,
Battez-vous à la porte !...
    Au coin du feu,
    Causons un peu.

Lâchons nos épigrammes,
Sans crier sur les toits;

Des maris et des femmes
Causons à demi-voix :
Des absents, des absentes,
De nos gloires récentes....
 Au coin du feu,
 Causons un peu.

Dans son erreur profonde,
Si quelque esprit malsain
Veut réformer le monde
Qui fuit son médecin,
Dans son docte système
Qu'il s'embrouille lui-même....
 Au coin du feu,
 Causons un peu.

Des hommes de génie
Qu'on siffle injustement,
Soulageons l'agonie
Par quelque mot clément;
Sans trop de médisance,
De leur impertinence,
 Au coin du feu,
 Causons un peu.

Si cela nous ennuie,
Revenons aux vivants,
Et causons de la pluie,
Des brouillards et des vents;
De l'hiver monotone,
Et des feuilles d'automne....
 Au coin du feu,
 Causons un peu.

LES POISONS.

Mon ami, la fièvre vous gagne,
Il faut suivre un régime enfin ;
Il faut aller à la campagne ;
D'abord ne buvez plus de vin.
— Eh! quoi? pas même de champagne?...
— C'est un poison, entendez-vous !
— Docteur, le poison est si doux !

Évitez les courses, la chasse,
Soyez bien vêtu, bien chauffé ;
Ayez une vache bien grasse,
Et ne prenez plus de café.
— Quoi! pas même une demi-tasse?
— C'est un poison, entendez-vous !
— Docteur, le poison est si doux !

Appuyez-vous sur votre canne,
Et parfois, si c'est votre goût,
Montez à cheval... sur un âne,
Mais pas de cigare surtout.
— Quoi! pas même de la Havane?
— C'est un poison, entendez-vous !
— Docteur, le poison est si doux !

Allons, partez, point de tristesse ;
Vous en reviendrez... attendez !
Encore une seule promesse :
Évitez de... vous m'entendez ?...
— Quoi ! pas une seule maîtresse ?
— Je le défends, entendez-vous !
— Docteur, le poison est si doux !

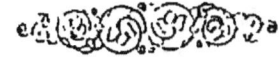

PALINODIE.

Air des Reines de Mabille.

O filles de Laïs,
Que mes chansons jadis
Célébrèrent gratis,
Faut-il chanter votre *De profundis?*

O Maria, gentille demoiselle,
Toi, Mogador, qui nous fis les doux yeux,
Toi, Pomaré, que l'on crut immortelle,
Et toi, Clara, qu'aimèrent nos aïeux....

De Mabille attristé,
Vous avez déserté
Le jardin enchanté,
Où se cambrait votre immortalité !

Ces frais lilas, et ce sable historique
Qui garde encor l'empreinte de vos pas,
Ces flots de gaz inondant le portique,
Tout vous appelle, et vous ne venez pas !

Craignez-vous pour vos traits
Les bosquets moins discrets?
Naguère vos attraits
Ne craignaient pas d'être vus de trop près.

Auriez-vous donc, loin des rives de France,
Sans vos sujets, signant le conjungo,
Toutes les quatre accepté l'alliance
D'un prince russe, ou d'un roi du Congo?

   Sous quels cieux plus galants,
   Vers quels cœurs plus brûlants,
   Vos destins turbulents
Auraient-ils donc exporté vos talents?...

Ou bien encor, par un retour bizarre
Du dieu d'amour, cette fois trop constant,
Peupleriez-vous les murs de Saint-Lazare,
Ou le harem de quelque vieux sultan?

   Ou bien encor, suivant
   L'inconstance du vent,
   Un caprice fervent
Vous a-t-il fait enfermer au couvent?

Mais non, cessez, ma plaintive élégie;
J'ai retrouvé nos quatre anges perdus,
Tout pleins encor de séve et d'énergie,
Mais moins légers, moins frais, ou plus dodus.

   A cheval, Mogador
   Étale mieux encor
   Le splendide trésor
De son brocart tissu de pourpre et d'or.

De Maria la moderne demeure
Est un landau traîné par deux coursiers;
Chacun sait bien que c'est à deux francs l'heure;
Mais nul ne sait comment ils sont payés.

Vos bijoux, vos bouquets,
Vos costumes coquets
Se soldent en... caquets ;
Mais payez-vous ainsi tous vos laquais ?

La Pomaré, votre émule éternelle,
Encore ici cherche à vous accrocher,
Pour vous montrer sa jument plus rebelle,
Son groom plus mince, et son plus gros cocher.

Son corps enveloppé
Dans le velours drapé,
Au fond de son coupé,
Par habitude, encor fait canapé.

Mais il en est une qui m'inquiète :
C'est ma Clara, ma vivace Clara ;
Et je promets la récompense honnête
A qui, tout seul, me la rapportera.

Pomaré, Maria,
Mogador et Clara,
Croyez-moi, laissez là
Chevaux, coupés, laquais, *et cætera !*

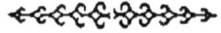

VOYAGE EN ICARIE.

Je suis dégoûté de la France
Depuis qu'elle n'a plus le sou.
Je veux pourtant faire bombance,
N'importe comment, n'importe où.
Foin du beau ciel de ma patrie
Qui me crotte comme un barbet !
Je veux aller en Icarie ;
Allons, partons, monsieur Cabet !

Au diable soit qui me querelle !
J'ai renié tous mes parents ;
De mes amis le plus fidèle
Ne me prêterait pas cinq francs.
Les femmes... je n'en avais qu'une,
Et pourtant... perfide Babet !...
Mais, là-bas, la femme est commune
Allons, partons, monsieur Cabet !

Vous souriez, mon camarade,
Mais, là-bas, comme nous rirons !
Amis comme Oreste et Pylade,
Nous boirons et nous mangerons.
Passant ma vie à ne rien faire,
Aimant et fumant comme un bey,
Je deviendrai propriétaire....
Allons, partons, monsieur Cabet !

Cabet, je puis bien vous le dire,
Vous baissez, mon cher, vous baissez

De vos tours on commence à rire ;
Ici nous sommes enfoncés.
Mais, au sein de nos colonies,
Où l'on ne sait pas l'alphabet,
Nous passerons pour deux génies ;
Allons, partons, mon cher Cabet !

Cabet, si tu n'es pas un cuistre,
Comme tu vas me festoyer !
Je serai le premier ministre
De l'empereur Cabet premier.
Tondant de près cette canaille,
Comme des chèvres du Thibet,
A ses frais nous ferons ripaille ;
Allons, partons, mon cher Cabet !

Ainsi, l'âge de l'innocence
Reviendra pour ces chérubins ;
Nous n'accepterons de la France
Que ses femmes et que ses vins.
Assis sur les vertes fougères,
Soufflant dans notre galoubet,
Nous ferons danser nos bergères ;
Allons, partons, mon bon Cabet !

Eh bien ! n'êtes-vous pas des nôtres ?
Pourquoi me tendre ainsi les bras ?...
Ah ! vous faites filer les autres,
Cabet, et vous ne partez pas !...
Dites-moi donc, en Icarie,
A-t-on rétabli le gibet ?
Je veux mourir dans ma patrie ;
Ne partons pas, monsieur Cabet !

LES PAUVRES D'ESPRIT.

Le monde est vieux, il radote ;
Il devient savant, je croi ;
Tout ce qui porte culotte
Veut être un fragment de roi.
Tout ce qui marche ou digère
Veut son rayon de lumière,
Et pourtant il est écrit :
« Heureux les pauvres d'esprit ! »

A l'arbre de la science
Chacun veut prendre un bâton ;
Il existe même en France
Des grands hommes qui, dit-on,
Perdent leur langue française,
Tant ils parlent à leur aise
Le chinois et le sanscrit....
Heureux les pauvres d'esprit !

La voûte des cieux sublimes
S'abaisse aux yeux des humains ;
L'univers n'a plus d'abîmes ;
On plonge d'avides mains
Dans ses entrailles profondes ;
On va deviner des mondes
Que le ciel nous interdit....
Heureux les pauvres d'esprit !

Des religions nouvelles
Apôtres aux cheveux blancs,
Sages aux creuses cervelles,
Magnétiseurs insolents,
Vous illuminez la terre;
Chacun a son phalanstère,
Et la croyance périt....
Heureux les pauvres d'esprit!

Adieu l'antique ignorance,
La sainte crédulité;
On n'a plus d'intelligence
Que pour la duplicité.
Les fripons ont la puissance;
Les simples ont l'indigence;
On les méprise, on en rit....
Heureux les pauvres d'esprit!

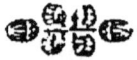

BEAUTÉ.

Rêve des arts, rêve de la jeunesse,
Ombre toujours fugitive à mes yeux,
Fille des Grecs, qui te firent déesse,
Viens, je t'invoque en oubliant leurs dieux.

Je rêve aussi d'une forme adorée;
Je veux t'aimer d'une éternelle ardeur;
A mes regards tu ne t'es pas montrée,
Et tous tes traits sont gravés en mon cœur.

Tu n'es pourtant qu'un enfant du mystère;
Ton front se cache aux célestes séjours;
Ton pied léger ne touche pas la terre,
Et je te vois, et je t'aime toujours!

Selon mes sens j'ai créé ton image;
De mes désirs s'enrichit ta beauté;
En tes attraits j'adore mon ouvrage,
Et mon amour est ta réalité.

Non, mes amis, la beauté que je chante
N'a pas de nom dans vos joyeux ébats,
De vos festins elle demeure absente,
Et vos chansons ne la réveillent pas!

Elle n'a pas la grâce enchanteresse,
Le doux parler, le sourire vainqueur;

De la pudeur elle ignore l'adresse,
Et son esprit n'a pas faussé son cœur.

La soie et l'or ne sont point sa parure,
Sur ses trésors nul voile n'est jeté ;
Rien n'enrichit l'œuvre de la nature,
Belle bien plus de sa seule beauté.

Pas un contour plus riche d'harmonie,
Un trait plus pur, un éclat plus vermeil ;
De tous ses feux l'Orient l'a brunie,
Et dans ses yeux rayonne le soleil !

Vous le voyez, c'est la beauté païenne,
Éclose un jour sous des cieux plus cléments ;
La poésie en fit sa souveraine,
Et lui donna tous les arts pour amants !

Dans le Paros Phidias la modèle,
Parrhasius lui prête sa couleur,
Et mon amour lui jette l'étincelle
Qui donne à tout la vie et la chaleur !

Pygmalion, je comprends ton mensonge !
A toute idole élevons des autels ;
Et, sur tes pas, je m'élance en un songe
Vers des chemins ignorés des mortels.

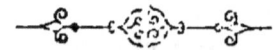

JE PÊCHE A LA LIGNE.

Il est un clair ruisseau
Protégé par des saules,
Qui m'offrent un rideau
D'ombre fraîche et de gaules.
Là, dans l'herbe et les joncs,
Vit la troupe maligne
Des frétillants goujons
Que je pêche à la ligne.

Là, je trouve un réduit
Inaccessible au monde,
Et mon heure s'enfuit
Au murmure de l'onde.
Là, j'ai la paix du cœur,
Mon potager, ma vigne
Et mon Parfait pêcheur....
Car je pêche à la ligne.

Que d'autres, plus hardis
Et peut-être moins sages,
Des océans maudits
Dépeuplent les rivages!
Pour être un gros pêcheur,
J'ai l'âme trop bénigne;
Leurs filets me font peur;
Moi, je pêche à la ligne.

Du choc des passions
Spectateur insensible,
Les révolutions
Me trouvent impassible.
Rois fous, peuples légers,
Pour un mot, pour un signe,
Vous vous entr'égorgez....
Moi, je pêche à la ligne.

On dit que nos aïeux
Sont chassés du Parnasse,
Et que de nouveaux dieux
Sont assis à leur place :
Dieux qui chassez Boileau,
Racine et Delavigne,
Ne troublez pas mon eau :
Moi, je pêche à la ligne.

De ce ruisseau lointain
La source est peu connue,
Mon poisson, bien fretin,
Ma pêche, bien menue;
Mais aux décrets du sort,
Content, je me résigne,
Et j'attendrai la mort
En pêchant à la ligne.

LES PEUPLES.

1848.

Air *de la Sentinelle.*

Sur le palais, d'où nos rois sont chassés,
La garde veille au salut de la France ;
Foulant aux pieds ces lambris renversés,
Interrogeons la nuit et le silence :
    Le peuple en ses robustes doigts
    Brise une couronne flétrie ;
    Mon Dieu, qui foudroyez les rois,
    Des peuples entendez la voix,
    Veillez aussi sur ma patrie !

Ils sont bannis... respect à leurs malheurs !
Un autre sol couvrira leur poussière ;
La liberté, le front paré de fleurs,
Verse sur nous sa gloire et sa lumière.
    Les flots et les vents à la fois
    Sur eux déchaînent leur furie ;
    Mon Dieu, qui foudroyez les rois,
    Des peuples entendez la voix,
    Veillez aussi sur ma patrie !

Un cri s'élève !... et l'Europe est en feu !
L'écho s'émeut, les nations se dressent !...

Laissez passer la justice de Dieu :
L'Océan s'ouvre, et les Alpes s'abaissent!...
  Partout des trônes et des lois
  Croule la majesté meurtrie!...
  Mon Dieu, qui foudroyez les rois,
  Des peuples entendez la voix,
  Veillez aussi sur ma patrie!

Non, écoutez!... Le vent qui vient du nord
N'apporte ici que des cris de vengeance;
Des fers cruels, plus cruels que la mort,
Pèsent là-bas aux mains d'une autre France!...
  N'entendez-vous pas cette voix
  De la Pologne qui vous crie...
  « O vous, qui foudroyez les rois,
  Des peuples consacrez les droits,
  Et rendez-nous une patrie! »

La nuit s'achève et le ciel a grandi!
De feux plus vifs l'orient se colore;
Puissent nos fils saluer ton midi,
Astre brillant, dont nous voyons l'aurore!
  Va porter, sous des cieux plus froids,
  Un rayon à la Sibérie!...
  Mon Dieu, qui foudroyez les rois,
  Des peuples bénissez les droits,
  Veillez toujours sur ma patrie!

JE RIS.

Les méchants ont le vin maussade,
Les savants, le vin sérieux,
Les bavards, le vin ennuyeux,
   Les sots, le vin malade !
Moi, chaque fois que je suis gris,
     Je ris !

Haïr n'est pas dans ma nature,
Je ne sais pas me courroucer ;
Que d'autres s'en aillent tancer
   La fraude et l'imposture ;
Je les corrige à meilleur prix :
     J'en ris !

Ni les sermons ni les férules
Ne nous ont faits plus studieux ;
Si les hommes sont odieux,
   Rendons-les ridicules.
Pour mieux les vouer au mépris,
     J'en ris !

Je n'ai jamais pris à partie
Les aigles de nos facultés,
Ni les modernes sommités
   De l'homœopathie !
Si leurs malades sont guéris,
     J'en ris !

Les dentistes couvrent la France ;
Nous avons des sorciers plus forts,
Qui vous font trouver des trésors,
    A dix francs par séance ;
Si les cupides y sont pris,
        J'en ris !

Je ris de toutes les folies,
Je ris des sages tels que nous,
Et (peut-être m'en blâmez-vous ?)
    Des femmes trop jolies ;
Parfois aussi de leurs maris
        Je ris !

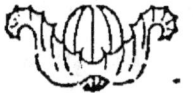

PASTORALE.

Pâle habitant de la ville adorée
Où le plaisir doit abréger les jours,
Tu crois avoir, dans ta prison dorée,
Tous les bonheurs et toutes les amours.
Viens dans les champs où brille la verdure;
Dans nos sentiers viens égarer tes pas;
Nous entendrons la voix de la nature :
C'est une voix que tu ne connais pas.

Quand, de tes murs franchissant la barrière,
Tu viens, l'été, reposer ta langueur,
Dans ta villa tu rêves de chaumière,
Et dans ton parc tu te crois laboureur.
Mais cet amour d'un recoin solitaire,
Que de tes mains cent fois tu retournas,
Ce doux souci, cet amour de la terre,
C'est un amour que tu ne connais pas.

Tu ne sais pas cette sollicitude
Du beau soleil, de la pluie et des vents;
Tu ne sais pas par quelle longue étude
Du lendemain nous devenons savants;
Et, lorsque sont les moissons dépouillées,
Ou que les champs dorment sous les frimas,
La promenade ou les longues veillées....
C'est un loisir que tu ne connais pas.

Ces longs épis, trop inclinés peut-être,
Combien de fois est-on venu les voir !
Dans ces raisins que le soleil pénètre,
Que de travaux, de craintes et d'espoir !
Mais que t'importe !... Et tu bois, et tu manges,
Sans t'informer, au sein de tes repas,
Comment se font les blés et les vendanges...
Ce sont des soins que tu ne connais pas.

Vois, c'est le soir : dans la plaine plus sombre,
Le bruit se meurt plus lointain et plus sourd.
Des moucherons les pléiades sans nombre
Demain encore annoncent un beau jour.
Puis l'horizon disparaît et s'efface ;
Puis tout se tait : on n'entend plus là-bas
Que le bonsoir d'un paysan qui passe....
C'est un salut que tu ne connais pas.

O gens heureux ! O campagne paisible,
Que vous avez de calme et de fraîcheur !
Non. Ces tableaux te laissent insensible :
L'air des cités a corrompu ton cœur.
Les jeux, le luxe, et le monde, et l'envie,
Conviennent mieux à tes sens délicats.
Va, laisse-nous notre tranquille vie,
C'est un bonheur que tu ne comprends pas.

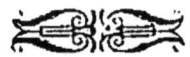

LE SOUPER DE MANON.

Blaise, dit la fillette,
Je viens souper chez vous....
— Souper dans ma chambrette?
Mais comment ferons-nous?...
Car je n'ai qu'une assiette....
— C'est assez, dit Manon.

Blaise prétend que non!

Blaise, mon ami Blaise,
On est très-bien ici;
Mettez-vous à votre aise,
Asseyons-nous ainsi....
— Mais je n'ai qu'une chaise!
— C'est assez, dit Manon.

Blaise prétend que non!

Une chaise, une assiette,
Cela suffit vraiment;
Partageons la serviette
Et soupons.... — Mais comment?...
Je n'ai qu'une fourchette!...
— C'est assez, dit Manon.

Blaise prétend que non!

Blaise, qu'allez-vous faire?
— Je ne fais rien du tout.
— Voulez-vous bien vous taire!...
Blaise, buvons un coup....
— Mais je n'ai qu'un seul verre....
— C'est assez, dit Manon.

Blaise prétend que non!

Vous froissez ma toilette,
Blaise, délacez-moi....
Tirez ma collerette....
Et couchons-nous.... — Sur quoi?...
Je n'ai qu'une couchette....
— C'est assez, dit Manon.

Blaise prétend que non!

Mais quoi!... Blaise lui-même,
Le matin, à mi-voix,
Disait : « Manon, je t'aime! »
Pour la troisième fois....
Non, pour la quatrième!...
— C'est assez, dit Manon.

Blaise prétend que non!

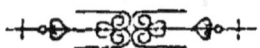

CHAUVIN.

Lorsque Chauvin se met à boire,
Il raconte tous ses hauts faits ;
Et, quand il parle de sa gloire,
De boire il ne cesse jamais.
Près du héros octogénaire
Les jeunes gens viennent s'asseoir.
— Allons, Chauvin, encore un verre !
Ta femme te battra ce soir.

La victoire oubliait nos armes ;
Il a bien fallu l'oublier :
Chauvin a dévoré ses larmes
Sous la blouse de l'ouvrier.
Mais il est toujours militaire ;
Le vin lui rend le souvenir....
— Allons, Chauvin, encore un verre,
Et tes beaux jours vont revenir.

Déjà voyez comme il s'élance
Par sa jeune ardeur emporté !
Il ajoute un *r* à la Frrance ;
Il en met trois à liberrrté !
Dans le récit de chaque guerre,
Il ajoute un ou deux combats....
— Allons, Chauvin, encore un verre ;
Dans le nombre on ne le voit pas.

Prenant sa course vagabonde,
Il part, avant seize ans entiers,

Pour son voyage autour du monde,
Sans équipage et sans souliers.
Mais, après dix ans de misère,
Il était nommé caporal !...
— Allons, Chauvin, encore un verre ;
Nous te nommerons général.

« J'ai vu, dit-il, la république
Ébranlant le vieil univers ;
J'ai vu l'Italie et l'Afrique,
A travers les monts et les mers ;
Et les pyramides de pierre,
Que de mon nom je décorais ! »
— Allons, Chauvin, encore un verre,
Et tu verras le double après.

— « J'ai salué dans la campagne
Les nations à leur réveil ;
J'ai vu le Rhin et l'Allemagne,
Puis Austerlitz et son soleil ;
Puis le Kremlin et sa poussière,
Puis, après tant d'exploits.... » — Eh bien ?
Eh bien, Chauvin, encore un verre,
Et puis tu ne verras plus rien.

Mais, comme son maître indomptable,
Chauvin est victime du sort ;
Chauvin est tombé sous la table,
En s'écriant : « Il n'est pas mort ! »
Chauvin, restons couchés par terre,
Unis en nous serrant la main ;
Allons, Chauvin, encore un verre ;
Ta femme te battra demain.

LE CHAMPAGNE.

Beau prisonnier, dont les échos fidèles
Ont retenu les chants et la gaîté,
A tes esprits je veux rendre leurs ailes ;
Viens respirer l'air de la liberté.

Assez longtemps, dans ta prison profonde,
Enseveli par des maîtres ingrats,
Tu demeuras oublié de ce monde,
Qui t'aurait dû l'oubli de ses combats :

L'heure a sonné : surgis à la lumière ;
Viens resplendir à l'éclat des flambeaux ;
Secoue enfin cette humide poussière,
Que les hivers attachent aux tombeaux.

Tu nous diras tes refrains d'allégresse,
Tu chanteras l'espoir et la beauté ;
Mais laisse-moi, sous ma main qui te presse,
Sécher les pleurs de ta captivité.

De nos beaux jours entretiens la mémoire ;
En nos pensers rappelle la vigueur ;
Enflamme-nous aux rayons de ta gloire ;
Mais viens d'abord te chauffer à mon cœur.

Oui, tu frémis ; et cette douce étreinte
Rend leurs vertus à tes sens engourdis ;

Et sous le joug, dont tu gardes l'empreinte,
Impatient, tu grondes et bondis !

Je veux doubler l'ardeur qui te dévore ;
Sois donc heureux, vois, j'ai rompu tes fers ;
Un seul lien te tient captif encore ;
Il est brisé... pars libre dans les airs !...

Non, pas encore... un malheureux esclave,
Que l'habitude au joug a façonné,
Quand une main a brisé son entrave,
Reste un moment immobile, étonné.

Mais il est temps, et ton heure s'achève ;
Je viens aider tes généreux efforts ;
Oui, regardez, il grandit, il s'élève :
Monte, pars, vole, et répands tes trésors !

Vin de Champagne, enivrante maîtresse,
Viens, le front libre et les cheveux épars !...
Brise à ton tour le joug qui nous oppresse,
Et de ton prisme éblouis nos regards.

Fais-nous savoir que la vie a des charmes ;
Qu'à nos douleurs succèdent nos plaisirs ;
Verse à nos cœurs l'oubli de leurs alarmes,
Verse à nos sens l'ardeur de leurs désirs !

UNE FÉE.

S'il faut vous dire
Quelle est cette beauté,
Dont le sourire
Par des dieux fut chanté,
C'est une fée
Invisible à nos yeux ;
Chantez, Orphée,
Eurydice est aux cieux !

De notre monde
Elle compte les jours ;
Mais, jeune et blonde,
Elle est belle toujours :
C'est une fée
Invisible à nos yeux ;
Chantez, Orphée,
Eurydice est aux cieux !

D'abord maîtresse
Des âges inconnus,
Elle est déesse
Et se nomme Vénus :
C'est une fée
Invisible à nos yeux ;
Chantez, Orphée,
Eurydice est aux cieux !

Puis le génie,
Élevant ses autels,
L'a rajeunie
En des vers immortels;
C'est une fée
Invisible à nos yeux;
Chantez, Orphée,
Eurydice est aux cieux!

Qu'elle se nomme
Ange, esprit ou démon,
Délie à Rome,
Laure, Elvire ou Lison,
C'est une fée
Invisible à nos yeux;
Chantez, Orphée,
Eurydice est aux cieux!

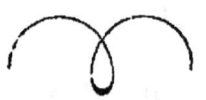

DANS CINQUANTE ANS.

Enfants, ne portez pas envie
Au flot qui court précipité ;
Si le temps emporte la vie,
Il donne l'immortalité.
Le sable, que le feu dévore,
Produit les métaux éclatants ;
Écoutez-moi, vous qui vivrez encore
    Dans cinquante ans.

A peine aurez-vous en mémoire
Des noms illustres aujourd'hui,
Enfants précoces de la gloire,
Qu'un orage emporte après lui.
Mais, dans le ciel de notre France,
Des astres, respectés du temps,
Rayonneront, grandis par la distance,
    Dans cinquante ans.

Adieu, divinités fragiles,
Petits auteurs de grands romans ;
Adieu, romantiques argiles,
Qui vous pensiez des monuments.
Mais salut, jeunesse divine,
Que vont réchauffer les printemps :
Vivez toujours, Béranger, Lamartine,
    Dans cinquante ans.

— Mais dites-nous plutôt, grand-père,
Quand les hommes seront meilleurs,
Quand la vertu sur cette terre
Ne trouvera plus de railleurs,
Quand la fraternité féconde
Unira les peuples flottants?...
— Dieu, mes enfants, peut seul changer le monde...
    Dans cinquante ans.

— Mais au moins, dites-nous, grand-père,
Quand viendra l'honneur nous parler,
Et quand la perfide Angleterre
Sentira son île trembler;
Quand un étendard tricolore,
A travers les flots inconstants....
— Mes chers enfants, puissiez-vous vivre encore
    Dans cinquante ans !

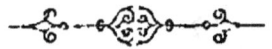

LES HOMMES UTILES.

A MON AMI EDMOND C.

Mon cher Edmond, qu'allez-vous faire?
Car enfin se croiser les bras,
Fumer, chanter, aimer et plaire,
C'est être inutile ici-bas.
Pour tous les hommes raisonnables
Le travail doit être une loi;
Pour être utile à vos semblables,
Mon cher Edmond, il faut prendre un emploi.

Suivez la loi de la nature :
Vendez à d'honnêtes bourgeois
Des tissus à fausse mesure,
Ou des aliments à faux poids,
Ou des romans interminables,
Ou du savon rafraîchissant....
Pour être utile à vos semblables,
Mon cher ami, faites-vous commerçant.

Si l'uniforme militaire
Sourit plus à votre raison,
Allez goûter sur la frontière
Les douceurs de la garnison;
Ou poursuivre, au milieu des sables,
L'Arabe d'Alger à Blidah....

Pour le repos de vos semblables,
Mon cher ami, faites-vous donc soldat.

Ou bien consacrez vos années
A guérir vos frères souffrants,
Par la diète, par les saignées
Et les visites à dix francs ;
Puis, vos malades incurables
Vous appelleront assassin....
Pour la santé de vos semblables,
Mon cher ami, faites-vous médecin.

Ou défenseur plein de courage
De tous les orphelins français,
Vous grugerez leur héritage,
Mais vous gagnerez leurs procès ;
Et puis, tous les bavards aimables
Deviennent des hommes d'État....
Pour le bonheur de vos semblables,
Mon cher ami, faites-vous avocat.

Mais non, demeurez inutile,
Bravez le monde et ses brocards ;
Restez paresseux et tranquille,
Aimez les lettres et les arts ;
Ayez des amis véritables,
Fuyez le mal, cherchez le bien....
Pour le malheur de vos semblables,
Mon cher ami, ne faites jamais rien.

FANTAISIE.

Adèle est brillante et vermeille
Comme l'aurore qui s'éveille
A l'horizon des doux climats ;
Dans ses beaux yeux l'azur se pose ;
Sa bouche est une fleur éclose....
Mais, hélas ! je ne l'aime pas.

Clémence est la douce figure
Tranquille comme une onde pure,
Sensible comme les lilas ;
Je sais bien que sa tête est blonde,
Et l'on dit que sa jambe est ronde ;
Mais, hélas ! je ne l'aime pas.

Julie est la rieuse fille ;
L'esprit dans sa bouche pétille,
Et n'épargne rien ici-bas :
Elle en a même pour médire ;
Son existence est un sourire ;
Mais, hélas ! je ne l'aime pas.

Clarisse est la pâle créole ;
L'amour est dans sa tête folle,
Et le plaisir entre ses bras.
Le feu jaillit de sa prunelle ;

Chacun la nomme la plus belle ;
Mais, hélas ! je ne l'aime pas.

Il en est une autre sur terre,
Sans qui mon cœur est solitaire,
Et dont le nom se dit tout bas ;
Je sens près d'elle un trouble extrême,
Et je lui redis que je l'aime ;
Mais, las ! elle ne m'aime pas.

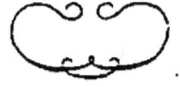

LES RATS.

Que font-ils donc dans mon alcôve étroite?
En tous les sens j'ai beau me retourner,
De droite à gauche, et puis de gauche à droite,
Dans le tympan ils viennent me corner!
J'entends partout s'effondrer ma muraille,
Grincer le bois et le plâtre gémir;
Dieu! les Titans commencent leur bataille!...
    Les rats m'empêchent de dormir.

Quel bruit! il pleut! il vente! je frissonne!
Là-bas, l'hiver.... Je pense avec horreur
Au malheureux que le froid aiguillonne;
Je songe encore au pauvre voyageur.
Dans la forêt, que l'aquilon tourmente,
Il marche seul, oh! comme il doit frémir!
La forêt tombe... et la mer écumante!...
    Les rats m'empêchent de dormir.

Les yeux fermés, combien je vois de choses
Que je ne vis jamais les yeux ouverts :
Des diables noirs et des sylphides roses
Tourbillonnant dans des nuages verts.
Bien loin, là-bas, j'aperçois une femme,
Fleur du désert, que maltraite un émir....
Je vois crouler les tours de Notre-Dame!...
    Les rats m'empêchent de dormir.

J'ai traversé l'océan Atlantique,
J'ai découvert des pays inconnus :

Un continent que je nomme Amérique,
Des fleuves d'or et des hommes tout nus.
Je veux bien haut proclamer ma conquête;
Sur un rocher j'essaye à m'affermir;
Le rocher roule et me casse la tête!...
    Les rats m'empêchent de dormir.

Ah! qu'il est doux de battre la campagne!
Je laisse aller mes jambes au hasard;
Parbleu! je suis dans la blonde Allemagne,
Je m'en vais voir Jellachich et Mozart!
Je vois rouler des torrents d'eau-de-vie,
S'enfuir des rois et des canons vomir;
Et nos tambours entrent dans Varsovie!...
    Les rats m'empêchent de dormir.

Sur le soleil j'ai braqué ma lunette;
Je sens vers lui des ailes m'élever;
Chemin faisant, je trouve une planète
Que Leverrier n'eût pu jamais trouver!
Je t'y rencontre, ô ma belle maîtresse;
Que viens-tu faire?... Ah! je me sens blêmir!...
Un vieux magot sous mon nez la caresse....
    Les rats m'empêchent de dormir.

Bon! me voilà dans les sombres abîmes!
Je reconnais Babylone et Paris;
De l'arsenic je compte les victimes;
Dieu! quel monceau de rats et de maris!
Au bord fatal je cherche en vain Voltaire;
Près de Lafarge est mon chien Casimir....
J'irai demain chez mon apothicaire;
Les rats enfin me laisseront dormir!

LES ÉCREVISSES.

Air de Paillasse.

Les écrevisses autrefois
   Ne marchaient qu'en arrière ;
Voici que des docteurs sournois
   Nous prouvent le contraire.
     Mais, croyez-le bien,
     Ils n'en savent rien,
   Ce sont pures malices ;
     Je les vois toujours
     Marcher à rebours :
   Vivent les écrevisses !

Croyez-en ces poissons savants,
   Tout est en décadence ;
Les morts ont tué les vivants
   Bien avant leur naissance.
     Pauvres écrivains,
     Vos efforts sont vains,
   Allez, prêtres novices,
     Baiser les autels
     Des dieux immortels ;
   Vivent les écrevisses !

Oui, bientôt on s'habillera
   Suivant l'antique mode

Dans tous les arts on proscrira
La nouvelle méthode;
Ils sont préparés
A siffler Duprez,
Ponchard fait leurs délices;
Quant à Rossini,
C'est déjà fini;
Vivent les écrevisses!

Supprimons les inventions
De l'école nouvelle;
Le gaz et ses explosions
Valent-ils la chandelle?
Les chemins de fer,
Vomis par l'enfer,
Sont du diable complices;
Parbleu! les coucous
Étaient bien plus doux!
Vivent les écrevisses!

Doucement nous remonterons
Le fleuve de la vie;
Peut-être que nous trouverons
Sa source en Moscovie :
Nos filles, nos sœurs,
Pour de grands seigneurs
Garderont leurs prémices!
Nous aurons des rois,
Nous en aurons trois!
Vivent les écrevisses!

Mais les écrevisses, ma foi,
Sont fort bonnes à table :

Dans du vinaigre, croyez-moi,
C'est un mets délectable.
Pour des crustacés,
Ce n'est point assez,
Joignons-y des épices;
Nous les mangerons,
Et nous chanterons :
Vivent les écrevisses !

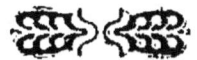

LA MEUNIÈRE ET LE MOULIN.

Elle est belle, la meunière,
Et son moulin est béni ;
Elle est là, joyeuse et fière,
Comme l'oiseau dans son nid.
Il est là, sur la colline,
Comme un géant s'élevant ;
Il étend sa longue échine
Et ses bras rouges au vent.

Il est deux choses sur terre
  Dont mon cœur est plein :
    J'aime la meunière,
    J'aime le moulin.

Voyez comme elle est pimpante,
Avec son simple jupon ;
Écoutez comme elle chante
Et rechante sa chanson.
Voyez-le, fier sur sa base,
S'agitant soir et matin ;
Écoutez comme il écrase
Les épis qui font le pain.

  est deux choses sur terre
    Dont mon cœur est plein :
      J'aime la meunière,
      J'aime le moulin.

Oui, j'en jure par mon âme,
Celui-là serait heureux
Qui pourrait avoir pour femme
La meunière que je veux.
Il produit dans sa journée
Quatre beaux sacs ronds et blancs ;
Il rapporte par année
Au moins sept à huit cents francs.

Il est deux choses sur terre
  Dont mon cœur est plein :
    J'aime la meunière,
    J'aime le moulin.

Le moulin sans la meunière,
C'est le verre sans le vin ;
Mais aussi c'est vin sans verre
Que meunière sans moulin.
J'aurai des enfants, j'espère,
Mais il me faudrait enfin
La meunière pour les faire,
Pour les nourrir, le moulin.

Il est deux choses sur terre
  Dont mon cœur est plein :
    J'aime la meunière,
    J'aime le moulin.

JEAN QUI PLEURE

ET JEAN QUI RIT.

    Je pleure.
Je vois tout gris, je vois tout noir;
J'ai bu trop de bon vin, ce soir;
Je vais être gris tout à l'heure :
    Je pleure.

   — Je ris.
Je vois tout bleu, je vois tout rose;
Le vin est une douce chose;
Voilà longtemps que je suis gris.
    Je ris.

  — Perds-tu la tête?
  — Perds-tu l'esprit?
  — Arrête! — Arrête!
— Ah! ah! ah! ah! — Hi! hi! hi! hi! —
C'est Jean qui pleure et Jean qui rit.

    Je pleure.
J'ai l'estomac trop délicat;
Je ne puis manger que d'un plat :
Aussi je fonds comme du beurre.
    Je pleure.

— Je ris.
Depuis que je me mets à boire,
Je ne mange que pour mémoire :
Aussi, vois comme je maigris.
  Je ris.

— Perds-tu, etc.

  Je pleure.
Mon épouse, la connais-tu?
Es-tu bien sûr de sa vertu?
Je crois que la tienne est meilleure.
  Je pleure.

— Je ris.
Cela ne m'inquiète guère ;
Je suis bien sûr de mon affaire :
Je ne suis plus dans les conscrits.
  Je ris.

— Perds-tu, etc.

  Je pleure.
Entends la voix de la raison :
Je veux rentrer à la maison.
Partons ; tu sais où je demeure.
  Je pleure.

— Je ris.
Moi, je change de domicile ;
J'habite les champs ou la ville ;

J'ai plusieurs maisons dans Paris.
   Je ris.

  — Perds-tu, etc.

   Je pleure.
Car, qu'est-ce que la vie, enfin?
C'est un flacon de mauvais vin....
Mais pourquoi faut-il que l'on meure?
   Je pleure.

   — Je ris.
Car la mort.... Suis bien mon idée....
Est une bouteille vidée;
On ne rend que ce qu'on a pris.
   Je ris.

  — Perds-tu la tête?
  — Perds-tu l'esprit?
  — Arrête! — Arrête!
— Ah! ah! ah! ah! — Hi! hi! hi! hi! —
C'est Jean qui pleure et Jean qui rit.

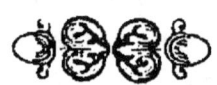

LA KERMESSE.

Entends-tu là-bas
Les joyeux ébats?
Javotte, c'est la kermesse :
Par tous les sentiers,
Bourgeois et fermiers,
Chacun s'agite et se presse.

La danse va commencer
Superbe ;
Ma Javotte, viens danser
Sur l'herbe.

Couples assortis,
L'un sur l'autre assis,
S'embrassent sous le feuillage ;
Et les vieux époux,
Dessus ou dessous,
A table font mariage.

La foule, entre quatre ormeaux,
Se presse ;
L'orchestre, sur deux tonneaux,
Se dresse.

L'archet a crié ;
Chacun est sur pié ;

Filles et garçons, en place !
   On n'invite pas :
   On prend par le bras
La plus belle ou la plus grasse.

Chaque visage se teint
   De joie,
Ou, dans un grand pot d'étain,
   Se noie.

   Robes, cotillons,
   Cheveux bruns ou blonds,
Blancs bonnets avec dentelle,
   Tabliers, mouchoirs,
   Rouges, blancs ou noirs,
Tout court, tout crie et se mêle.

Des cheveux jusqu'aux talons,
   Tout tremble :
Viens, Javotte, brimbalons
   Ensemble.

   J'aime tes yeux bleus,
   Et tes grands cheveux
Blonds comme des grains d'avoine ;
   Tes grosses couleurs
   Sont comme des fleurs
De pavot ou de pivoine.

On doit s'embrasser après
   La danse :
Javotte, nous serons prêts
   D'avance.

Sautons comme il faut,
Bien fort et bien haut,
Pour qu'on nous regarde faire;
Puis nous tournerons
En faisant des ronds,
Des ronds à rouler par terre.

Et si quelque autre amoureux
Te lorgne,
Tant pis s'il revient boiteux
Ou borgne!

Et puis, à la fin,
Quand nous aurons faim,
Nous irons à la gargote :
Là, nous souperons,
Et puis nous rirons,
Et puis nous... rirons, Javotte.

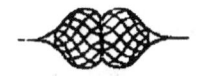

PIERRETTE ET PIERROT.

Quinze ou seize ans, fraîche toilette,
Court jupon et corsage ouvert,
Un bonnet blanc, un ruban vert :
　　Voilà Pierrette.

De gros souliers, un grand jabot,
Un pantalon de son grand-père,
Un habit tombant jusqu'à terre :
　　Voilà Pierrot.

　On dit en confidence
　Qu'ils se vont épouser.
　Qu'en pensez-vous ? — Je pense
Que Pierrot devrait refuser.

Un cou d'une blancheur parfaite,
Avec de charmants environs ;
Des cheveux bruns, des yeux marrons :
　　Voilà Pierrette.

La tournure d'un vieux magot,
Des cheveux roux, un œil verdâtre,
Un nez qu'on ne voit qu'au théâtre :
　　Voilà Pierrot.

　On dit en confidence
　Qu'ils se vont épouser.
　Qu'en pensez-vous ? — Je pense
Que Pierrot devrait refuser.

Regard mutin, mine coquette,
La malice avec l'enjoûment,
Feu de novice et cœur d'enfant :
    Voilà Pierrette.

La conversation d'un pot,
Des yeux malins comme des bornes
Et l'esprit d'une bête à cornes :
    Voilà Pierrot.

    On dit en confidence
    Qu'ils se vont épouser.
    Qu'en pensez-vous? — Je pense
Que Pierrot devrait refuser.

Voilà que la noce s'apprête ;
A l'église on court se ranger ;
Robe blanche et fleur d'oranger :
    Voilà Pierrette.

Pierrot dit oui, comme un grand sot ;
Puis aussitôt chacun de dire
Qu'on a vu Pierrette sourire....
    Voilà Pierrot !...

    Déjà Pierrette danse
    Avec un invité.
    Qu'en pensez-vous? — Je pense
Que Pierrot l'a bien mérité.

LES ÉCUS.

Ma femme, le mariage
N'est pas tout amusement ;
Il faut régler son ménage
Et s'amuser sagement.
Vois-tu bien, ma bonne amie,
Il faut de l'économie :
Dépensons peu ; mais surtout,
Tâchons d'amasser beaucoup.

Un mendiant. (*Parlé.*) Monsieur, la charité, s'il vous plaît. — Laissez-moi, mon ami, je n'ai pas de monnaie.

— Mon ami, prenez-y garde,
C'est vous que cela regarde.
— Ma femme, tu me comprends,
Les écus font des enfants.

Certes nous avons d'avance
De quoi vivre, et même plus ;
Ce n'est rien, si l'on ne pense
A bien placer ses écus.
Tout ce que l'argent peut rendre,
Il faut savoir le lui prendre ;
L'eau va toujours à la mer,
Et l'argent coûte si cher !

Monsieur, etc.

— Mon ami, prenez-y garde,
C'est vous que cela regarde.
— Ma femme, tu me comprends,
Les écus font des enfants.

De vingt mille francs de rente,
Que l'on fait fructifier,
On peut bien en tirer trente,
Au moins, sans faire crier.
Avec dix, ou douze, ou treize,
Nous vivrons fort à notre aise;
Tout le surplus de nos frais
Produira des intérêts.

Monsieur, etc.

— Mon ami, prenez-y garde,
C'est vous que cela regarde.
— Ma femme, tu me comprends,
Les écus font des enfants.

Avec la chance commune,
Seulement, vois, dans vingt ans,
Quelle superbe fortune
Pour établir nos enfants,
Doux gages de notre flamme....
Nous en aurons deux, ma femme;
Nos calculs seraient perdus,
S'il en venait un de plus.

Monsieur, etc.

— Mon ami, prenez-y garde,
C'est vous que cela regarde.

— Ma femme, tu me comprends,
Les écus font des enfants.

De ce que le ciel nous donne
Jouissons honnêtement ;
Ainsi, sans nuire à personne,
Nous vivrons en nous aimant.
La plus maligne satire
Sur nous n'aura rien à dire ;
Et, quant à faire du bien,
C'est bon pour ceux qui n'ont rien.

Monsieur, etc.

— Mon ami, prenez-y garde,
C'est vous que cela regarde.
— Ma femme, tu me comprends,
Les écus font des enfants.

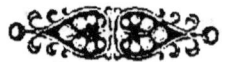

UN MARI MALHEUREUX.

Qu'ai-je donc fait aux dieux
Pour être leur victime?
Suis-je un homme odieux?
Ai-je commis un crime?
Vous voyez devant vous
Un mortel déplorable,
Le malheureux époux
D'une femme adorable!

Monsieur, qu'en dites-vous?
Qu'en dites-vous, Madame?
Ah! plaignez un époux
Adoré de sa femme!

Car si Clémence enfin
Était comme les autres,
Si j'avais le destin
De tant de bons apôtres,
J'aurais pour avocats
Ses torts et ses caprices;
Mais quelle femme, hélas!
Elle n'a pas de vices!...

Monsieur, qu'en dites-vous?
Qu'en dites-vous, Madame?
Ah! plaignez un époux
Adoré de sa femme!

Elle est d'une douceur
A vous rendre malade.
Si j'avais le bonheur
De la trouver maussade,
J'aurais quelque raison,
Pour adoucir ma peine,
De faire le garçon
Une fois par semaine.

Monsieur, qu'en dites-vous?
Qu'en dites-vous, Madame?
Ah! plaignez un époux
Adoré de sa femme!

Si son ardeur du moins
Était plus raisonnable....
Mais des plus tendres soins
Sans cesse elle m'accable.
Elle est, dans son amour,
Pire que vingt maîtresses;
Je ne puis un seul jour
Éviter ses tendresses.

Monsieur, qu'en dites-vous?
Qu'en dites-vous, Madame?
Ah! plaignez un époux
Adoré de sa femme!

Que de fois je me dis :
Si ma femme était laide,
J'irais voir mes amis
Anténor et Tancrède;

Si quelque beau garçon
La trouvait plus sensible,
Je pourrais bien... Mais non,
Elle est incorrigible!...

Monsieur, qu'en dites-vous?
Qu'en dites-vous, Madame?
Ah! plaignez un époux
Adoré de sa femme!

Enfin je suis battu;
Je l'accorde moi-même;
Non... C'est trop de vertu :
Il faut bien que je l'aime.
Elle mourrait sans moi :
Je ne suis plus mon maître;
Je crois presque, ma foi,
Que j'aimerais mieux être....

Monsieur, qu'en dites-vous?
Qu'en dites-vous, Madame?
Ah! plaignez un époux
Adoré de sa femme!

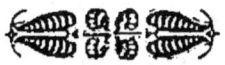

MAY.

(FABLIAU.)

> Oh! may!
> Oh! may!
> Oh! le joli mois de may!
>
> (VIEILLE CHANSON.)

« May ramène les longs jours :
　C'est trop être endormie ;
May réveille les amours :
　Réveillez-vous, ma mie.

　　Oh! may!
　　Oh! may!
Oh! le joli mois de may!

Viens voir si l'oiseau des bois
　Chante toujours de même,
Et si les fleurs à ta voix
　Répondront que je t'aime.

　　Oh! may!
　　Oh! may!
Oh! le joli mois de may! »

Jeanne entend son amoureux
　Chantant sous sa fenêtre ;
Elle éveille ses grands yeux,
　Qui ne dormaient peut-être....

Oh ! may !
Oh ! may !
Oh ! le joli mois de may !

Jeanne s'habille, elle accourt,
  Sans faire sa prière ;
Elle a corsage plus court
  Et jupe plus légère.

Oh ! may !
Oh ! may !
Oh ! le joli mois de may !

« Bonjour, Jeanne, fleur de thym,
  Qui brilles sans parure,
Fraîche comme le matin,
  Simple comme nature.

Oh ! may !
Oh ! may !
Oh ! le joli mois de may !

Viens : au bois nous trouverons
  Un feuillage bien tendre,
Où, tout bas, nous nous dirons
  Ce qu'on ne doit entendre.

Oh ! may !
Oh ! may !
Oh ! le joli mois de may !

Nous secoûrons sous nos pas
  Les pleurs de la rosée ;

Viens t'appuyer sur mon bras....
　La route est malaisée.

　　Oh ! may !
　　Oh ! may !
Oh ! le joli mois de may !

Pose ton front près du mien ;
　Mets ta main dans la mienne :
On dit que, pour s'aimer bien,
　Il faut qu'on se soutienne.

　　Oh ! may !
　　Oh ! may !
Oh ! le joli mois de may !

Trois baisers tu me devras
　Sur ta bouche mignonne ;
Celui-ci ne compte pas.... »
　C'est Jeanne qui le donne.

　　Oh ! may !
　　Oh ! may !
Oh ! le joli mois de may !

Laissez-les au bois s'enfuir,
　Dans la plus sombre allée ;
Jeanne voudrait revenir ;
　Mais elle est si troublée !...

　　Oh ! may !
　　Oh ! may !
Oh ! le joli mois de may !

Frais lilas, plantes des champs,
 Ouvrez vos fleurs nouvelles;
Fauvettes, dites vos chants;
 Aimez-vous, tourterelles!

Oh! may!
Oh! may!
Oh! le joli mois de may!

EST-CE TOUT?

Puisque je vous rencontre, Élise,
 C'est un beau jour.
Permettez donc que je vous dise
 Tout mon amour.
Mon cœur bat, que c'est un délire;
Laissez-moi tout bas vous le dire....

—Est-ce tout?—Non.—Comment! Ce n'est pas tout?
 Dépêchez-vous donc, monsieur Pierre;
 On m'attend, là-bas, chez ma mère.
 Hélas! comme il en dit beaucoup!
  Ce n'est pas tout!...

 — Comme vous avez belle mine
  Sous ce bonnet;
 Et comme votre taille est fine
  Dans son corset!
 Vous avez la fraîcheur des roses,
 Et puis, et puis, tant d'autres choses.

—Est-ce tout?—Non.—Comment! Ce n'est pas tout?
 Dépêchez-vous donc, monsieur Pierre;
 On m'attend, là-bas, chez ma mère.
 Hélas! comme il en dit beaucoup!
  Ce n'est pas tout!...

— Quand nous sommes tous deux ensemble,
  Je sens en moi
Comme quelque chose qui tremble,
  Je ne sais quoi....
Oh ! que je voudrais à l'église,
Un jour, entrer avec Élise !...

— Est-ce tout ! — Oui. — Comment ! C'est déjà tout ?
  Vous aviez le temps, monsieur Pierre ;
  On ne m'attend plus chez ma mère.
  Hélas ! Il n'en sait pas beaucoup :
    C'est déjà tout !

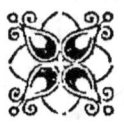

LES DEUX.

J'ai deux amants, pas davantage :
L'un a tous les droits des maris,
L'autre n'a que ceux qu'il a pris :
J'ai mon seigneur, et j'ai mon page.
Comment donc faire un choix entre eux?
Pourtant, celui que je préfère....
— C'est bien, je vous entends, ma chère,
Ce n'est pas le premier des deux. —

Sans doute vous allez me dire
Que le premier est vieux et laid?
Non pas : il est jeune, il me plaît;
Le second n'a rien pour séduire;
Il n'est ni beau ni gracieux :
Eh bien, celui que je préfère....
— Allez, je vous entends, ma chère,
Ce n'est pas le plus beau des deux. —

Ainsi va l'humaine machine :
L'un est riche et l'autre sans bien;
L'un me donne tout, l'autre rien,
Et de celui que je ruine
Souvent nous rions tous les deux.
Eh bien, celui que je préfère....
— Allez, je vous entends, ma chère,
Ce n'est pas le plus généreux. —

L'un n'aime que moi dans le monde ;
Son bonheur est de m'obéir ;
L'autre est tout prêt à me trahir
Pour la première brune ou blonde ;
Même il le ferait sous mes yeux....
Eh bien, celui que je préfère....
— Allez, je vous entends, ma chère,
Ce n'est pas le plus amoureux. —

Par l'un, j'ai calèche et toilette ;
Je suis dame du haut en bas ;
Quand l'autre me tient à son bras,
Je ne suis plus qu'une grisette.
Et quand il a bu... c'est affreux !...
Eh bien, celui que je préfère....
— Allez, je vous entends, ma chère,
Ce n'est pas le meilleur des deux.

LE VIEUX TILLEUL.

Il est bien pauvre, ce village
Perdu sur la pente des monts ;
Mais nous l'habitons d'âge en âge,
Et de père en fils nous l'aimons ;
Mais là, sur la route prochaine,
Un arbre, hardi comme un pin,
S'élève, large comme un chêne ;
C'est le vieux tilleul du chemin.

L'ancien château tombe en ruines,
Ses grands murs se sont écroulés ;
Mais ses débris font deux usines
Et quatre granges pour les blés.
Et, quand la journée est finie
Aux champs, au métier, au moulin,
Toute la troupe est réunie
Sous le vieux tilleul du chemin.

C'est là que l'heure nous appelle
Pour la prière ou pour le jeu ;
Car nous n'avons pas de chapelle,
Et sans curé nous prions Dieu.
Le dimanche, avec un seul cierge,
La messe est dite le matin ;
On voit l'image de la Vierge
Sur le vieux tilleul du chemin.

Quand de ses branches élancées
Les mille fleurs parfument l'air,
Par nous elles sont ramassées ;
Les remèdes coûtent si cher !
Nous n'avons pas dans le village
De savant qui parle en latin ;
Le médecin qui nous soulage,
C'est le vieux tilleul du chemin.

Cent fois il fleurit pour nos pères ;
Il fleurira pour nos enfants.
Allez, paysans et bergères,
Danser sous l'arbre de cent ans.
Pas un pauvre ici ne demande
L'aumône en vous tendant la main ;
Passant, déposez votre offrande
Pour le vieux tilleul du chemin.

LE QUARTIER LATIN.

Non loin des bords de la Seine,
Paris ne connaît qu'à peine
Un quartier sombre et lointain,
Qui sur le coteau s'élève,
Devers Sainte-Geneviève :
C'est le vieux quartier Latin.

    Les maisons sont hautes,
    Où perchent les hôtes
De ce paradis fangeux ;
    C'est que la jeunesse
    Est l'aimable hôtesse
Qui rit et monte avec eux.

Au sein de la grande ville,
C'est le studieux asile
Où l'on travaille en s'aimant ;
Chaque maison a sa gloire,
Chaque chambre, son histoire,
Chaque meuble, son roman.

    Joyeux ermitage,
    Où tout se partage,
La couchette et le repas ;
    Pays d'espérance,
    Où l'on ne dépense
Que l'argent que l'on n'a pas !

Tout s'accouple et se complète :
L'écolier cherche Lisette ;
Le lierre cherche l'ormeau.
L'étudiant solitaire,
C'est la plante hors de terre,
C'est le poisson hors de l'eau.

 Elle est si gentille,
 La modeste fille
Qui chante dans son réduit !
 Le jour, couturière,
 Le soir, bayadère,
Que fait Lisette la nuit ?

Au Code combien d'atteintes !
Combien de flammes éteintes
Avant le terme promis !
Et parfois, sans qu'on y songe,
Le bail aussi se prolonge
Pour se léguer aux amis.

 Anténor fidèle
 Avec une Adèle
Est resté près de huit jours.
 Puis d'autres arrivent ;
 Les femmes se suivent
Et se ressemblent toujours.

Combien de types encore,
Depuis le gros Polydore
Qui mène Ursule au tambour,
Jusqu'aux nouvelles recrues

Qui poursuivent dans les rues
Les veuves du Luxembourg!

 Comment satisfaire
 Le monde et son père,
La chaumière et l'examen;
 Le billard, l'école,
 Lisette et Barthole,
La pipe et le droit romain?

Puis arrivent les vacances :
Que de tristes échéances
De la Seine à l'Odéon!
Arthur a passé sa thèse,
Et l'amoureuse Thérèse
Tombe d'Arthur en Léon.

 O belle jeunesse,
 Combien de sagesse
Dans tes plus fougueux ébats!
 Qu'ils sont moins aimables,
 Ces gens raisonnables,
Ces austères magistrats!

C'est là, dans une mansarde,
Que travaille l'avant-garde
Du siècle qui va venir;
Turbulente pépinière,
Qui commence la carrière
Que tant d'autres vont finir.

 Mais l'heure s'avance
 De la décadence :

Lisette a passé les ponts ;
Elle a fait fortune ;
Adieu, robe brune,
Blancs bonnets et courts jupons.

Quand sa thèse est terminée,
Un clerc de cinquième année
Parle comme un vieux robin ;
En sortant de la clinique,
Un docteur pharmaceutique
N'est plus même un carabin.

Las ! tout se disperse ;
Le quartier se perce,
Se transforme et s'assainit.
Des maisons plus belles
Vont remplacer celles
Où l'amour posait son nid.

Et, dans la cité nouvelle,
Un jour, quelque vieille Adèle,
Seul débris d'un siècle éteint,
Dira, cachant son visage,
Aux Anténors d'un autre âge :
« Là fut le pays Latin !! »

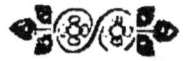

LES AMANTS D'ADÈLE.

Quoi! des bijoux, un cachemire,
A vous, si pauvre l'an dernier!
Adèle, oseriez-vous me dire
Comment vous pouvez les payer?
Un bonnet, une bagatelle
Comblaient vos modestes besoins....
Vous avez un amant, Adèle,
Vous avez un amant... au moins.

Ce n'est pas l'aiguille peut-être
Qui vous donne des diamants?
Mais permettez que je pénètre
Dans vos riches appartements.
Le luxe partout étincelle;
L'or se niche dans tous les coins....
Vous avez deux amants, Adèle,
Vous avez deux amants... au moins.

Vous avez, à ce qu'on m'assure,
Deux chevaux; on dit même trois :
Deux pour vous traîner en voiture,
L'autre pour vous-porter au bois.
Voulez-vous que je vous rappelle
Ce que disent ces trois témoins?...
Vous avez trois amants, Adèle,
Vous avez trois amants... au moins.

Voilà ce qui s'appelle vivre....
Ce n'est pas encor tout, je crois :
Vous êtes inscrite au grand livre;
Vous avez du cinq et du trois.
Ceci semble accuser, ma belle,
Un autre âge, avec d'autres soins....
Vous avez quatre amants, Adèle,
Vous avez quatre amants... au moins.

Voyons, Adèle, soyez bonne :
Sont-ils cinq... ou bien six... ou bien...
Sept?... Vous vous récriez, mignonne;
Passe pour six, terme moyen.
Eh bien, ne soyez pas cruelle;
Quittez ces grands airs superflus :
Vous aurez sept amants, Adèle,
Vous aurez sept amants... au plus.

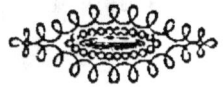

MONSIEUR BOURGEOIS.

1848.

Monsieur Bourgeois est un brave homme,
Bon époux, bon père et marchand ;
Simple, rangé, sobre, économe,
Peu vaniteux, et pas méchant.
Mais, quand il parle politique,
Il devient amer et caustique....
    Monsieur Bourgeois,
Prenez garde, monsieur Bourgeois,
Vous allez vous brûler les doigts.

Monsieur Bourgeois a l'habitude
D'aller au café tous les soirs.
C'est là qu'il a fait une étude
De ses droits et de ses devoirs.
Il parle, s'agite, raisonne,
Manifeste et pétitionne !...
    Monsieur Bourgeois,
Prenez garde, monsieur Bourgeois,
Vous allez vous brûler les doigts.

S'il pouvait gouverner la France,
Comme tout se mènerait mieux !
Il supprimerait la dépense,
La police et les factieux.
Il ferait marcher le commerce
Et voudrait conquérir... la Perse....

    Monsieur Bourgeois,
Prenez garde, monsieur Bourgeois,
Vous allez vous brûler les doigts.

Quand monsieur Bourgeois est colère,
Ne soyez pas sur son chemin !
Il passe sa journée à faire
Ce qu'il regrettera demain.
Pour le moindre mot, il se cabre ;
Il prend son fusil et son sabre !...
    Monsieur Bourgeois,
Prenez garde, monsieur Bourgeois,
Vous allez vous brûler les doigts.

Il part comme une giboulée ;
Ne l'arrêtez pas, sacrebleu !
Puis, quand la maison est brûlée,
Il se met à crier : « Au feu ! »
Il veut battre le locataire,
Les pompiers et le commissaire !...
    Monsieur Bourgeois,
Prenez garde, monsieur Bourgeois,
Vous allez vous brûler les doigts.

Puis il revient dans sa boutique,
Penaud, mais turbulent toujours.
Sa femme, la douce Angélique,
Le met au pain sec pour trois jours.
Même, on ne sait, en son absence,
Jusqu'où peut aller la vengeance....
    Monsieur Bourgeois,
Qu'avez-vous fait, monsieur Bourgeois ?
Vous vous êtes brûlé les doigts.

LE CHATEAU ET LA CHAUMIÈRE.

Le seigneur de cette terre
Habite un manoir altier,
Et Nicolas, son fermier,
Niche dans une chaumière.

Le seignenr, dit-on tout bas,
Est jaloux de Nicolas.

Le manoir est fait de pierre,
La cabane est de cailloux ;
Mais le château, voyez-vous,
Porte envie à la chaumière.

Le seigneur, dit-on tout bas,
Est jaloux de Nicolas.

Le seigneur n'a rien à faire,
Nicolas fait tout ici.
Le château jalouse aussi
Le travail de la chaumière.

Le seigneur, dit-on tout bas,
Est jaloux de Nicolas.

Le château fait grande chère ;
Mais, quand il peut s'échapper,
Le seigneur s'en vient happer
Les crêpes de la chaumière.

Le seigneur, dit-on tout bas,
Est jaloux de Nicolas.

Quelquefois, la nuit entière,
On danse dans le château ;
Mais, le soir, sur l'escabeau,
Comme on rit à la chaumière !

Le seigneur, dit-on tout bas,
Est jaloux de Nicolas.

Le seigneur ne dort plus guère,
Il a souvent des ennuis ;
Mais il voit, toutes les nuits,
Comme on dort à la chaumière !

Le seigneur, dit-on tout bas,
Est jaloux de Nicolas.

Le seigneur croit être père
De deux enfants blancs et blonds ;
Mais qu'ils sont rouges et ronds,
Les dix gars de la chaumière !

Le seigneur, dit-on tout bas,
Est jaloux de Nicolas.

Le seigneur à sa fermière
A fait la cour ; on l'a su :
Mais le château n'a reçu
Qu'un soufflet de la chaumière.

Le seigneur, dit-on tout bas,
Est jaloux de Nicolas.

TOINETTE ET TOINON.

Toinette et Toinon, sœurs jumelles,
Moitiés d'une même unité,
Toutes deux aimables et belles,
Plaisent par leur diversité.
L'une brille par la toilette;
L'autre porte un simple linon :
    Voilà Toinette;
    Voici Toinon.

Dans son boudoir, quand elle cause,
Toinette est la femme d'esprit;
Qu'un souper la métamorphose,
C'est Toinon qui chante et qui rit.
Quand l'une est sévère et discrète,
L'autre ne sait pas dire non.
    Bonjour, Toinette;
    Bonsoir, Toinon.

Mais parfois l'écheveau se mêle;
Quand le fil est embarrassé,
L'ouvrage est terminé par celle
Qui ne l'avait pas commencé.
En prenant sa robe coquette
La chrysalide perd son nom.
    Adieu, Toinette;
    Salut, Toinon.

Toinette, c'est Toinon en robe;
Toinon, c'est Toinette en jupon.
L'une sous l'autre se dérobe;
Mais entre elles je jette un pont.
Je fais ma révolte complète
Sans barricade et sans canon.
    A bas Toinette;
    Vive Toinon!

MES ENFANTS.

Voyez-vous le bel avantage
D'avoir été jeune à vingt ans !
Les matrones du voisinage
Me font honneur de leurs enfants.
Quand j'en aurais fait trois ou quatre,
Voilà-t-il pas de quoi me battre ?
  Mais non, ma foi,
Ces enfants ne sont pas de moi.

Hortense, ma première amie,
Que j'entrevis à peine un jour,
Prétend que sa fille Eugénie
Est l'enfant aîné de l'amour.
Pour un baiser sans conséquence
Avoir une pareille chance !...
  Non, par ma foi,
Cet enfant-là n'est pas de moi.

J'ai bien quelque part sur la terre
Un filleul qui porte mon nom ;
Sa mère, qui fut ma commère,
Prétend qu'il me ressemble.... Non.
Je ne suis pas beau, c'est possible ;
Mais le malheureux est horrible.
  Non, par ma foi,
Cet enfant-là n'est pas de moi.

En vain vous prétendez, Adèle,
Que vous n'aimez pas votre époux :

Cela ne prouve rien, ma belle,
Sinon que votre fils est roux,
Qu'il a le goût de la chicane,
Qu'il est avocat, Dieu le damne!
  Non, par ma foi,
Cet enfant-là n'est pas de moi.

Jean, viens ici que je t'embrasse;
Te voilà frais émancipé;
Bon chien, dit-on, chasse de race :
Ton père fut souvent trompé.
Mais par la science tu brilles,
Et puis tu n'aimes pas les filles....
  Non, par ma foi,
Cet enfant-là n'est pas de moi.

Le fils de mon propriétaire,
Chose étrange, est un bon vivant;
Il dépense l'or de son père,
Moitié mangeant, moitié buvant.
Mais, quand je lui lis notre histoire,
Son cœur ne bat pas pour la gloire!...
  Non, par ma foi,
Cet enfant-là n'est pas de moi.

Cependant tout le monde assure
Que Paul me ressemble : en effet,
Il a ma taille, ma tournure;
Moi, je le trouve fort bien fait.
Puis il aime l'indépendance,
Le vin, les femmes et la France.
  Oui, par ma foi,
Celui-là peut être de moi.

LE DOCTEUR GRÉGOIRE.

Le docteur que j'ai
N'est pas agrégé ;
Il n'a ni cordons ni grades ;
Il est détesté
De la faculté :
Il guérit tous ses malades.
Ah ! le bon docteur
Et le remède admirable !
C'est une liqueur
Qu'on peut même prendre à table.

Quel plaisir,
Quel plaisir de boire
L'élixir
Du docteur Grégoire !

Il dit : Mes enfants,
Soyez bons vivants :
Suivez bien mon ordonnance :
C'est la bonne humeur
Qui fait le bonheur,
Voilà toute la science.
Votre corps va mal ?
Vite, prenez-moi ce verre ;
Si c'est le moral,
Buvez la bouteille entière.

Quel plaisir,
Quel plaisir de boire
L'élixir
Du docteur Grégoire !

Au pauvre ouvrier,
Lassé du métier,
Et qu'on veut mettre à la diète,
Il dit : Viens ici ;
Tiens, prends-moi ceci :
C'est de l'or dans ta cassette.
Et, quand il a bu
Le remède de Grégoire,
L'ouvrier fourbu
Se met à chanter victoire !

Quel plaisir,
Quel plaisir de boire
L'élixir
Du docteur Grégoire !

A qui voudrait voir
Tout le monde en noir,
Il met des lunettes roses ;
Aux pauvres rimeurs
Qui versaient des pleurs,
Il a fait chanter des choses !....
Il a guéri plus :
Deux ou trois cents journalistes,
Cent mille cocus
Et quatre socialistes.

Quel plaisir,
Quel plaisir de boire
L'élixir
Du docteur Grégoire !

Eh bien, la liqueur
De ce bon docteur

Est le jus d'une racine
    Qui vient du Pérou,
    De je ne sais où,
De Golconde ou de la Chine....
    Non : c'est du raisin
Qui pousse dans la campagne,
    Et qui fait du vin
D'Argenteuil ou de Champagne.

    Quel plaisir,
Quel plaisir de boire
    L'élixir
Du docteur Grégoire !

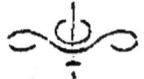

QUITTE A QUITTE.

Comme tu me trouvais belle,
Quand nous n'étions pas amis !
Ingrat ! tu m'avais promis
De m'être toujours fidèle.
 — Oui, c'est vrai, ma foi,
Palmyre, je le confesse.
Mais m'avais-tu dit, à moi,
Que tu me trompais, traîtresse ?

Nous sommes quittes, voilà :
Quittons-nous et touchons là.

— Je n'avais que ma coiffure ;
Tu devais, dans les huit jours,
Sous un chapeau de velours
Abriter ma chevelure.
 — Oui, c'est vrai, ma foi,
Palmyre, je le confesse.
Mais m'avais-tu dit, à moi,
Qu'elle était fausse, traîtresse ?

Nous sommes quittes, voilà :
Quittons-nous et touchons là.

— Tu disais : Qu'un mois se passe,
Un seul, et, le mois d'après,
Tu contempleras tes traits
Devant une armoire à glace.

— Oui, c'est vrai, ma foi,
Palmyre, je le confesse.
Mais m'avais-tu dit, à moi,
Qu'ils étaient fardés, traîtresse?

Nous sommes quittes, voilà :
Quittons-nous et touchons là.

— Tu me disais : Ma Palmyre,
Quand il fera froid dehors,
Nous cacherons ces trésors
Sous un schall de cachemire.
— Oui, c'est vrai, ma foi,
Palmyre, je le confesse.
Mais m'avais-tu dit, à moi,
Qu'ils étaient d'emprunt, traîtresse?

Nous sommes quittes, voilà :
Quittons-nous et touchons là.

— Adieu donc. Je te renie.
Qui l'eût pu penser jamais,
Qu'un jour tu me quitterais
Pour cette sotte Eugénie?
— Oui, c'est vrai, ma foi,
Madame, je le confesse.
Mais m'aviez-vous dit, à moi,
Qu'Arthur vous plaisait, traîtresse?

Nous sommes quittes, voilà :
Quittons-nous et touchons là.

PERRETTE ET LE SORCIER.

Simples atours et robe blanche,
Gente tournure et frais minois,
Perrette, une main sur la hanche,
Perrette, un jour, allait au bois.
Seize ans au plus étaient son âge;
Sur son chemin elle chantait
Une chanson de son village,
Et vers le bois toujours marchait.

    Les roses sont ouvertes;
Mes enfants, écoutez ma voix :
    Quand les feuilles sont vertes,
Il ne faut pas aller au bois.

Perrette se perdit en route :
Dans le bois il faisait si noir !
Perrette regarde; elle écoute,
Sans rien entendre et sans rien voir.
Soudain, au milieu du silence,
Paraît l'ombre du braconnier;
Sur la pauvre fille il s'élance,
Car c'était un méchant sorcier.

    Les roses sont ouvertes;
Mes enfants, écoutez ma voix :
    Quand les feuilles sont vertes,
Il ne faut pas aller au bois.

Le lendemain revint Perrette;
Mais on ne la reconnut pas :
De la jeune fille coquette
L'âge avait alourdi les pas.
Son front, hélas! avait des rides;
Sa tête avait des cheveux blancs;
Les bras tendus, les yeux humides,
Perrette chantait aux passants :

 Les roses sont ouvertes;
Mes enfants, écoutez ma voix :
 Quand les feuilles sont vertes,
Il ne faut pas aller au bois.

Voilà le récit qu'au village
On faisait au coin du foyer;
Et tous les enfants, d'âge en âge,
Croyaient *Perrette et le Sorcier*.
Mais aujourd'hui, les jeunes filles,
Sitôt que revient le printemps,
S'en vont courir sous les charmilles,
Et n'écoutent plus leurs parents.

 Les roses sont ouvertes;
Mes enfants, écoutez ma voix :
 Quand les feuilles sont vertes,
Il ne faut pas aller au bois.

SATAN MARIÉ.

Satan dit un jour : Je commence
    A m'ennuyer.
Je veux, pour faire pénitence,
    Me marier.
Quand j'aurai passé mon envie,
Je veux recommencer ma vie.

    Satan, crois-moi,
La femme est plus fine que toi.

Avec sa dague rouge et bleue,
    Il coupa tout,
Griffes et poils, cornes et queue,
    Jusques au bout.
Il éteignit les étincelles
Qui jaillissaient de ses prunelles.

    Satan, crois-moi,
La femme est plus fine que toi.

Il prend figure, esprit, noblesse,
    Et va partout,
Cherchant beauté, grâce, sagesse,
    Argent surtout.
Il avise une jeune fille
Sage, bien en dot et gentille.

    Satan, crois-moi,
La femme est plus fine que toi.

Avec Agnès sa fiancée
 Il est uni.
La foule à l'église est pressée ;
 Tout est fini.
Que va dire Agnès déplorable,
Quand elle connaîtra le diable ?

 Satan, crois-moi,
La femme est plus fine que toi.

Un an, puis deux ans se passèrent ;
 Ne changeait pas.
Griffes ni poils ne repoussèrent,
 Ni queue, hélas !
Ses yeux restaient tristes et mornes ;
Rien ne reparut... que les cornes.

 Satan, crois-moi,
Ta femme est plus fine que toi.

LA GAIETÉ FRANÇAISE.

Qu'en ont-ils fait de l'esprit de nos pères,
    Ces jeunes gens austères,
    Ces vieillards de vingt ans?
Filles, venez apporter des perruques
    Pour ces têtes caduques
    Que flétrit le printemps.

Quoi, mes amis, verrons-nous en silence,
    Sur la terre de France,
    Ces graves moucherons
Se rehausser sur leurs jambes roidies,
    Comme des tragédies,
    Ou comme des hérons?

Eh quoi! changer la gaîté diaphane
    Pour la morgue anglicane
    Ou le flegme germain?
Fermer la porte à cette belle fille,
    Dont le regard pétille,
    Et qui vous tend la main?

Quoi! n'avoir plus de fougue sympathique
    Que pour la politique
    Et son hideux pathos;
Pour aboyer devant la foule accrue,
    Comme on voit, dans la rue,
    Des chiens devant un os!

Attendez donc que votre corps se penche,
  Et qu'une barbe blanche
  Vous ait fait écouter ;
Et vous aurez alors cet avantage
  D'avoir acquis par l'âge
  Le droit de radoter.

Mais non : j'entends sa voix qui nous appelle
  Avec une crécelle
  Et des airs triomphants ;
Son front vermeil rayonne d'espérance ;
  La gaîté, c'est la France ;
  Nous sommes ses enfants.

Un pampre vert orne sa chevelure,
  Qui jusqu'à sa ceinture
  Tombe en festons joyeux.
C'est la beauté qui rit quand on la touche,
  Et sait ouvrir la bouche
  Sans fermer ses grands yeux.

Elle se plaît à l'épigramme folle,
  A l'esprit qui s'envole
  Sans jamais s'arrêter ;
Dans un flacon elle perd la mémoire,
  Elle chante après boire
  Et boit après chanter.

Entre nos bras retenons-la captive,
  Et que chaque convive
  La couronne de fleurs.
Qu'un monde froid lui refuse un asile :

Donnons-lui domicile
Dans le fond de nos cœurs.

Oui, conservons notre longue jeunesse
Dans une forteresse
Qui ne se rendra pas;
A nos neveux léguons cet héritage
Qui vivra d'âge en âge
Après notre trépas.

Et si j'étais le dernier de la race
D'Épicure et d'Horace,
Pères des bons vivants,
Avec Adèle, au fond d'une île indigne,
J'irais planter la vigne
Et faire des enfants !

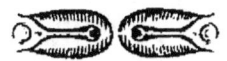

LES BOUTONS.

Heureux garçons de tout âge,
Qui voulez garder toujours
La sainte horreur du ménage,
Avec l'amour des amours,
Fiez-vous à ma sagesse
Et retenez mes dictons :
N'ayez pas une maîtresse
Qui recouse vos boutons.

Un soir, certaine Artémise
Vit, en un certain moment,
Qu'un bouton, à ma chemise,
Manquait, je ne sais comment.
Elle dut à ma faiblesse
De le recoudre à tâtons...
N'ayez pas une maîtresse
Qui recouse vos boutons.

Le lendemain, grande affaire !
On veut tout voir en détail;
Nous dressons un inventaire
De mon linge : quel travail !
Nous comptons tout, pièce à pièce;
Nous trions, nous inspectons....
N'ayez pas une maîtresse
Qui recouse vos boutons.

Dès lors, mes petits mystères
A ses yeux sont dévoilés ;
Elle a des droits sur mes terres,
Elle a des droits sur mes clés.
Au sein de ma forteresse
Elle installe ses plantons.
N'ayez pas une maîtresse
Qui recouse vos boutons.

Ainsi, de fil en aiguille,
Et de bouton en bouton,
Elle a chassé ma famille
Et m'a coiffé de coton.
Par la force ou par l'adresse
On obtient tout des moutons ;
N'ayez pas une maîtresse
Qui recouse vos boutons.

Je n'ai plus d'amis intimes,
Hormis Arthur... qui lui plaît :
Sauf les enfants légitimes,
Je suis un mari complet.
Le jour, nous crions sans cesse,
Et, la nuit, nous nous battons !...
N'ayez pas une maîtresse
Qui recouse vos boutons.

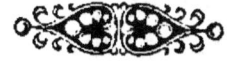

RÊVES ET RÉALITÉS.

Élançons-nous loin des sphères mortelles ;
Allons rêver dans ce monde divin
Où l'âme glisse, où le corps a des ailes,
Où le printemps n'a jamais eu de fin ;
Où chaque fleur ne meurt que pour renaître....
Mais, sapristi ! comme le vent est frais !
Dépêchons-nous de fermer ma fenêtre ;
Couvrons-nous bien ; nous rêverons après.

Oui, je le sens, le ciel me vivifie ;
L'air est plus pur et le soleil plus chaud.
Tous ces humains dévorés par l'envie,
Qu'ils sont petits, regardés de si haut !
Ce vil métal dont la terre fait gloire....
On frappe.... Entrez.... Hélas ! je l'ignorais :
C'est mon tailleur orné de son mémoire.
Payons toujours ; nous rêverons après.

Quels sentiments s'emparent de mon être ?
C'est la vertu, c'est la foi, c'est l'amour :
Non cet amour qu'un seul jour a fait naître,
Et qui s'enfuit emporté par un jour ;
Mais cette flamme idéale et rêveuse....
On frappe encore.... Ah ! c'est un fait exprès !
Je n'ouvre pas.... Tiens, c'est ma blanchisseuse !
Entrez, Anna... nous rêverons après.

Découvrez-vous, champs de la poésie,
Sur mon chemin épanchez vos trésors.
Qu'avec vos dieux je goûte l'ambroisie ;
Que le nectar pour moi coule à pleins bords !
Ah ! prolongez ma mortelle existence !...
Mais le soir vient.... O douleur ! ô regrets !
Mon estomac réclame sa pitance !
Allons dîner ; nous rêverons après.

LA BALLADE AU MOULIN

Au fond d'un pays sauvage,
 Chez les mécréants,
Vivait un roi juste et sage,
 Voilà bien longtemps.
Il était bon comme un père
Et riche comme la terre. —

Jean, fais tourner le moulin,
Mon sac n'est pas encor plein.

Ses sujets se révoltèrent
 Contre le bon roi,
Et du trône le chassèrent,
 On ne sait pourquoi.
Il erra de ville en ville ;
Un moulin fut son asile. —

Jean, fais tourner le moulin,
Mon sac n'est pas encor plein.

Là, sans gloire mais sans crainte,
 Le roi travaillait.
Sans faire entendre une plainte,
 Le meunier chantait.
Il dormait la nuit entière ;
Jadis, il ne dormait guère. —

Jean, fais tourner le moulin,
Mon sac n'est pas encor plein.

Mais, un jour, dans sa chaumière,
    Vinrent bien des gens
Qui l'avaient chassé naguère :
    Ils sont si changeants !
« Reprenez votre couronne.
— Non, dit-il, je vous la donne. » —

Jean, fais tourner le moulin,
Mon sac n'est pas encor plein.

« Ma femme sera meunière,
    Meuniers, mes enfants.
L'eau coule dans la rivière,
    Le blé pousse aux champs ;
Tout le reste change, change ;
Mais le pain toujours se mange. » —

Jean, arrête le moulin :
Voilà que mon sac est plein.

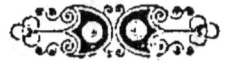

LES GROS MOTS.

Contons une histoire badine,
Sans reculer devant les mots.
Il est sûr, comme a dit Racine,
Que les meilleurs sont les plus gros.
Jeannot, villageois jeune et riche,
Rencontra Rose dans un pré,
Elle, simple comme une biche,
Lui, comme un vieux chasseur, madré.
Il lui dit.... Que put-il lui dire?
Ah! bah! lâchons le mot pour rire :
Il lui dit,... il lui dit :... « Bonjour! »
    Ma foi, je le lâche;
Tant pis pour celui qui s'en fâche!
    Il lui dit : « Bonjour! »
Et voilà comme on fait l'amour.

C'est que Rose était une blonde,
Mais blonde comme on n'en voit pas :
Grande, avec une taille ronde,
Large du haut, mince du bas.
Jeannot, plein d'ardeur et d'audace,
Allait, toutes voiles dehors;
Mais, avant d'investir la place,
Il se rendit maître des forts.
Il lui prit.... Que put-il lui prendre?
Ah! bah! pourquoi vous faire attendre?
Il lui prit,... il lui prit... la main!

Ma foi, je le lâche ;
Tant pis pour celui qui s'en fâche !
Il lui prit la main ;
Voilà comme on fait du chemin.

Pourtant, je ne saurais vous taire
Que Jeannot tremblait bien un peu ;
Il était comme un volontaire
Qui n'a pas encor vu le feu.
Il restait, la main dans la poche,
Ne sachant comment se tenir ;
Son cœur battait comme une cloche ;
Mais bref, il fallait en finir.
Il lui dit.... Que dit-il encore ?
Ah ! bah ! parlons sans métaphore.
Il lui dit,... il lui dit :... « Adieu ! »
Ma foi, je le lâche,
Tant pis pour celui qui s'en fâche !
Il lui dit : « Adieu ! »
Et voilà comme on marche au feu.

Mais voilà bien une autre histoire ;
Le conte ne finit pas là.
Jeannot.... Qui donc aurait pu croire
Qu'il fût capable de cela ?
Il lui fit... (Rose était si sage,
Qu'on n'y voulait ajouter foi),
Il lui fit... (mais tout le village
Peut vous l'affirmer comme moi),
Il lui fit.... Que put-il lui faire ?
Ah ! bah ! ce n'est plus un mystère :
Il lui fit,... il lui fit... la cour !

Ma foi, je le lâche ;
Tant pis pour celui qui s'en fâche !
Il lui fit la cour ;
Voilà ce que c'est que l'amour.

LE CARNAVAL
A L'ASSEMBLÉE NATIONALE.
1850.

Je suis moulu, j'ai la tête fêlée ;
Quel cauchemar ! quel affreux bacchanal !
Mes chers amis, je viens de l'Assemblée ;
Nos députés fêtaient le carnaval.

Tous déguisés, ventrus ou démocrates,
Dissimulaient leurs voix et leurs talents ;
A droite étaient des diables écarlates ;
Sur la montagne erraient des pierrots blancs.

Et cependant le costume et le masque
Allaient si bien à chaque mannequin,
Qu'on ne voyait, dans la troupe fantasque,
Pas un paillasse et pas un arlequin.

L'archet en main, siégeait sur une table
Dupin-Musard, Dupin-Paganini,
Dupin poli, Dupin méconnaissable,
Dupin ganté, brossé, frisé, verni.

Thiers en chicard s'élançait à la danse ;
Gargantua sorti de son étui,
Il était grand, grâce à l'impertinence
De son plumet trois fois plus haut que lui.

Un autre avait les traits d'Alcibiade :
C'était Crémieux.... Près de lui, frais tondu,
Oubliant tout, ses mœurs et sa triade,
Pierre Leroux sautait comme un pendu.

Dans un fauteuil était un petit père,
Maigre et chétif, avec un habit vert ;
Je reconnus le masque de Voltaire :
Le croirait-on ?... C'était Montalembert.

Il s'écriait : « Le pape n'est qu'un homme !... »
Il foudroyait les jésuites surpris :
Et je voyais les citoyens de Rome
Trembler devant le Romain de Paris.

Falloux et lui, joints par la destinée,
Sans être amis, ont le même drapeau ;
Ainsi l'on voit, sur une cheminée,
Près de Voltaire un buste de Rousseau.

Une peau d'ours couvrait deux personnages
Qui, tour à tour, servirent les tyrans ;
Et les huissiers poursuivaient trois sauvages
Qui refusaient de toucher vingt-cinq francs.

Preux défenseur des veuves en souffrance,
Second ténor, des premiers au besoin,
Bac soupirait une tendre romance,
Et se tenait tranquille dans son coin.

Sur un amas de titres et de chartes,
Trônait Barrot, qui prévit Février,
Le grand Barrot, Barrot tireur de cartes,
Magnétiseur, somnambule et sorcier.

Il prédisait à monsieur La Palisse
Que nous mourrions avant d'être enterrés ;
A trois maris, qu'ils auraient la jaunisse,
A deux banquiers, qu'ils seraient décorés.

Le gros Thouret paraissait en abeille,
Favre en curé, Changarnier en pékin ;
Je vis Lagrange en marquis de la veille,
Avec Murat en roi du lendemain.

Molé chantait une ronde bachique,
Mauguin tonnait contre les avocats ;
Berryer criait : « Vive la République !... »
Greppo parlait, Charras ne parlait pas.

Dieu ! quel gâchis ! quel étrange amalgame !
Comment va-t-on les retrouver demain ?
J'ai vu Nadaud composant un gros drame,
J'ai vu Hugo la truelle à la main.

Chacun des deux, par un échange honnête,
De son confrère avait pris la façon :
L'un bâtissait des murs comme un poëte,
L'autre faisait des vers comme un maçon.

Pourtant, je vis aussi, je le confesse,
Des citoyens plus dignes de ce nom,
Loin de la foule, ainsi que la sagesse,
Loin des excès, comme on peint la raison.

Ils étaient peu, mais grande est l'espérance
Qui les soutient à travers les partis ;
Je saluai l'avenir de la France,
Et, tenant bien mes poches, je sortis.

En franchissant cette enceinte sonore,
Je vis, flairant la salle des élus,
Émile, et ceux qui n'y sont pas encore,
Avec Armand, et ceux qui n'y sont plus.

Dansez, sautez : le carnaval commence;
Ouvrez la Chambre et fermez l'Opéra;
Déguisez-vous, députés de la France,
Déguisez-vous, et l'on vous aimera.

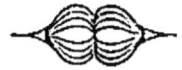

LES CONFESSIONS.

Victor, buvons. — Buvons, Adèle;
La vérité sort du tonneau.
— Tu fus constant. — Tu fus fidèle.
— Que c'était bon! — Que c'était beau!
— Je ne crois plus à tes promesses.
— Je me moque de tes serments.
— Victor, buvons à tes maîtresses.
— Buvons, Adèle, à tes amants.

Lorsque je te connus, Adèle...
— Quand je te rencontrai, Victor...
— Ta fleur était presque nouvelle.
— Tu n'avais pas vingt ans encor.
— J'étais dupe de tes tendresses.
— Et moi de tes beaux sentiments.
Allons, Victor, à tes maîtresses.
— Allons, Adèle, à tes amants.

Je vois encor notre chambrette.
— Je vois toujours notre fauteuil.
— Te souvient-il de ma toilette?
— Te rappelles-tu mon orgueil?
— Le jour était plein de caresses....
— La nuit, grosse d'événements!...
Allons, Victor, à tes maîtresses.
— Allons, Adèle, à tes amants.

Ingrat ! comme je fus trahie !
— Ingrate ! comme j'étais bon !
— J'ignorais Hortense et Julie.
— J'aimais Alexandre et Léon.
— Soyons cléments pour ces traîtresses.
— Pour ces traîtres soyons cléments.
Allons, Victor, à tes maîtresses.
— Allons, Adèle, à tes amants.

Mais depuis ces beaux jours de fêtes....
— Mais depuis ces temps fortunés....
— Que de victimes as-tu faites !
— Que de gens as-tu ruinés !
— Combien as-tu chanté de messes ?
— Combien as-tu fait de romans ?
Allons, Victor, à tes maîtresses.
— Allons, Adèle, à tes amants.

Adèle, tout me remémore....
— Oui, Victor, nos vieilles amours.
— Je pense que je t'aime encore.
— Je crois que je t'aime toujours.
— Tu mens, quoique tu te confesses.
— Tu te confesses, mais tu mens.
— Ah ! bah ! tant pis pour mes maîtresses !
— Ah ! bah ! tant pis pour mes amants !

LES CERISES DE MONTMORENCY.

1850.

Ma grand'mère vous dira
    Que tout dégénère.
Si le siècle qui viendra
    Ne vaut pas son père,
Nos descendants, Dieu merci,
    En verront de grises....
Allons à Montmorency
    Cueillir des cerises.

Tout devient petit, petit,
    Hommes comme femmes;
Chez nous rien ne s'agrandit,
    Excepté les drames.
Nous avons tout raccourci,
    Même les chemises....
Allons à Montmorency
    Cueillir des cerises.

De Saint-Cloud à Charenton
    Le flot monte et fume.
Où diable logera-t-on
    Toute cette écume?
On dit qu'à Bicêtre aussi
    Les places sont prises....
Allons à Montmorency
    Cueillir des cerises.

L'égalité doit régner,
   Nous pouvons l'attendre;
Mais l'un ne veut rien donner,
   L'autre veut tout prendre.
Quand ils auront réussi
   Dans leurs entreprises....
Allons à Montmorency
   Cueillir des cerises.

Du pays nous voudrions
   Gérer les affaires;
Dieu sait où nous envoyons
   Tous nos ministères;
Il est vrai que celui-ci....
   Je dis des sottises....
Allons à Montmorency
   Cueillir des cerises.

De nos droits électoraux
   Oublions les charmes.
On peut vivre sans journaux,
   Et loin des gendarmes.
J'ai vu passer par ici
   Des patrouilles grises....
Allons à Montmorency
   Cueillir des cerises.

LES ÉTRENNES DE JULIE.

Pour le jour de l'an, on assure
Que Julie a reçu trois dons :
L'un d'argent, l'autre de parure,
Et le troisième de bonbons.
Ce triple présent la relie
A trois temps plus ou moins heureux.
D'abord, il accuse, Julie,
    Trois amoureux.

Mais l'argent, c'est le fond du vase,
C'est le dernier charme détruit;
C'est la réalité sans gaze,
C'est l'amour en bonnet de nuit;
C'est, dans sa dernière folie,
Cupidon goutteux et cassé;
L'argent, avouez-le, Julie,
    C'est le passé.

Les bijoux, c'est l'amour aimable
Qui croit en vous par vanité,
Qui, sans cesser d'être agréable,
Déjà songe à l'utilité.
L'or, qui sur votre cou se plie,
Peut se vendre en un cas pressant.
Les bijoux, voyez-vous, Julie,
    C'est le présent.

Ces bonbons qui vous font sourire,
C'est l'illusion de vingt ans,
La croyance aux ailes de cire
Que fond le soleil du printemps :
C'est l'espérance non remplie
Qui va rêvant des cieux d'azur.
Les bonbons, ma chère Julie,
  C'est le futur.

L'an prochain, à pareille fête,
Le futur sera le présent ;
Le passé prendra sa retraite ;
Le présent sera-t-il présent ?
Je sais que vous êtes jolie ;
Mais le temps est si rigoureux !
Vous n'aurez pas toujours, Julie,
  Trois amoureux.

JE N'AIME PAS.

Je t'aime, tu m'aimes, il m'aime,
Nous nous aimons, vous vous aimez,
Ils s'aiment.... Voilà bien le thème
De tous ces mortels enflammés.
Il paraît que toute la terre
Fait l'amour du haut jusqu'en bas ;
Moi seul, dans ce grand phalanstère,
      Je n'aime pas !

L'amour.... Eh bien, est-ce ma faute
Si ce mot me poursuit partout ?
Le monde est une table d'hôte
Où l'on ne sert que ce ragoût.
Les petits bambins de huitième,
Les filles des pensionnats,
Tout cela sait dire : « Je t'aime ! »
      Je n'aime pas !

Dans les théâtres, quelles gammes
De l'Odéon au boulevard !
On aime, jusque dans les drames,
A coups de pied et de poignard.
Dans les ballets, on aime en danse ;
En grands airs, dans les opéras ;
Dieu sait comme on aime en romance....
      Je n'aime pas !

Que de sottises il débite,
Ce maudit amour! Ah! pour Dieu,
Mariez-vous donc au plus vite,
Et jetez de l'eau sur le feu.
Mais non : le vieux bois reprend flamme;
Ma portière adore ses chats,
Et mon voisin aime sa femme....
       Je n'aime pas!

Enfin, dans toutes les carrières,
Je ne vois que des amoureux :
Banquiers, commis ou couturières,
Gais ou tristes, riches ou gueux,
Veuves, garçons ou demoiselles,
Laquais, modistes, avocats!
Et les bêtes s'aiment entre elles!...
       Je n'aime pas!

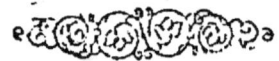

AUGUSTE

ÉTUDIANT DE DIXIÈME ANNÉE.

Auguste est un étudiant
Qui fit son droit à la Chaumière,
Toujours chantant, jouant, riant;
Aujourd'hui, c'est une autre affaire;
Il se range et devient austère.

Oui, mais plus d'un voisin prétend
Qu'il ne peut plus faire autrement.
  C'est juste :
 Mariez-vous, Auguste.

Il avait des amis barbus,
Vieux compagnons de ses bombances;
Maintenant on ne le voit plus
Hanter les cafés, ni les danses,
Ni ses mauvaises connaissances.

Parbleu! c'est qu'il n'a plus d'amis,
Ils sont avocats ou commis.
  C'est juste :
 Mariez-vous, Auguste.

Il n'était bruit dans son quartier
Que de ses galantes prouesses;
Il scandalisait son portier;
Maintenant il fait cent promesses
De n'avoir plus que deux maîtresses.

Mais sa portière me soutient
Que pas une, hélas! ne revient.
  C'est juste :
 Mariez-vous, Auguste.

Il avait trente créanciers :
D'abord sa blanchisseuse Annette,
Ses tailleurs et ses chapeliers,
Et sa marchande à la toilette :
Mais il ne fait plus une dette.

Sans doute : son traiteur me dit
Qu'on ne lui fait plus de crédit.
  C'est juste :
 Mariez-vous, Auguste.

Il ne sera pas avoué
Pour gruger la pauvre pratique,
Agent d'affaires trop roué,
Notaire filant en Belgique,
Ni même avocat platonique.

Parbleu ! dit-on, je le crois bien,
Puisqu'il ne sera jamais rien.
  C'est juste :
 Mariez-vous, Auguste.

LES DIEUX.

Les dieux s'en vont, disent les sages :
La raison a tué la foi.
Sur un océan plein d'orages,
Plutôt que de voguer sans loi,
Rendez-nous la mythologie
Avec ses dieux grands et petits ;
Faites-nous croire à la magie :
Tous les dieux ne sont pas partis.

Quelle est cette blonde déesse
Qu'un temple ne peut contenir ?
Inclinez-vous : c'est la jeunesse
Qui s'élance vers l'avenir.
Elle a l'audace ; elle veut croire
A tous les nobles appétits,
A l'amour et même à la gloire :
Tous les dieux ne sont pas partis.

Auprès d'elle est la folle fille
Qui d'un banquet fait son autel ;
Ses yeux sont un flambeau qui brille,
Sa voix est un rire éternel.
Elle chante toutes les causes,
Elle boit à tous les partis ;
C'est la gaîté semant des roses :
Tous les dieux ne sont pas partis.

Avec plus d'art et de mystère,
Un dieu gouverne tous nos sens :
L'amour, aussi vieux que la terre,
Aussi jeune que le printemps.
Par ses tourments ou par ses charmes
Il tient nos cœurs assujettis,
Plein de plaisirs et plein de larmes :
Tous les dieux ne sont pas partis.

Et toi, qui des seules injures
Veux toujours prendre la moitié,
Baume de toutes les blessures,
Salut à toi, sainte amitié !
Malheureux qui nîrait l'empire
Des liens qu'il n'a pas sentis !
Plus malheureux qui les déchire !...
Tous les dieux ne sont pas partis.

Mais non : ces dieux imaginaires
Ne sont que les rayons du jour.
Un seul maître verse à nos sphères
Le soleil, la vie et l'amour.
Pour les grands il fit la clémence,
Le courage pour les petits ;
A tous il donne l'espérance :
Tous les dieux ne sont pas partis.

BOISENTIER.

Boisentier, banquier blond et maigre,
Possède une femme, un commis,
Un petit domestique nègre,
Quelques parents et des amis.
De son épouse doit lui naître
Un joli petit héritier :
De quelle couleur va-t-il être?

— Il sera blond, dit Boisentier.

Son commis, un garçon capable
Et fort habile à calculer,
Assure qu'il est vraisemblable
Que l'enfant va lui ressembler :
Il sera, s'il chasse de race,
D'un roux ardent comme brasier,
D'un roux qu'on ne voit qu'en Alsace.

— Il sera blond, dit Boisentier.

Mais un des cousins de madame,
Arthur est certain de son fait;
On n'est pas plus sûr de sa femme.:
Le petit sera son portrait.
Cent raisons le portent à croire
Qu'il sera charmant cavalier,
Qu'il aura la moustache noire.

— Il sera blond, dit Boisentier.

Amis et voisins, tous ensemble,
Tous, excepté le moricaud,
Veulent que l'enfant leur ressemble,
Qu'il soit gros, maigre, grand, courtaud,
Moyen, beau, laid, chétif, énorme ;
Bref, chacun veut spécifier
Sa couleur, son poids et sa forme.

— Il sera blond, dit Boisentier.

Enfin, le jour fatal arrive ;
Tous les prétendants sont venus :
Docteur présent, foule attentive,
Paris proposés et tenus.
On apporte un objet noirâtre
Qui se met d'abord à crier....
L'enfant se trouve être un mulâtre....

— Il sera blond, dit Boisentier.

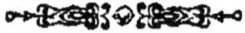

CHUT!

Grand-papa, vous êtes sévère ;
Un seul mot vous met en courroux :
Il faudrait, pour vous satisfaire,
Avoir soixante ans comme vous.
Pourtant, si nous devons en croire
Ce qu'on nous dit de votre histoire....

— Chut! mes enfants, parlez plus bas :
Cela ne vous regarde pas.

— Lorsque vous lisiez sans lunettes,
Lorsque vous marchiez sans bâton,
Vous ne traitiez pas de sornettes
Tout ce que vous faisiez, dit-on.
Même, à ce que prétend grand'mère,
Vous étiez un joyeux compère....

— Chut! mes enfants, parlez plus bas :
Cela ne vous regarde pas.

— Allons, vous pouvez nous le dire :
Vous étiez grand, mince et châtain ;
Vous conviendrez que, sous l'empire,
Vous fûtes un peu libertin.
On conte plus d'une aventure ;
Même notre voisine assure...

— Chut! mes enfants, parlez plus bas :
Cela ne vous regarde pas.

Hé ! faudrait-il donc qu'à votre âge
On n'eût pas été jeune aussi ?
Certe on s'amusait... davantage...
Mais plus décemment, Dieu merci.
Et puis les femmes et les filles,
De mon temps, étaient si gentilles !...

— Chut ! grand-papa, parlez plus bas :
Ceci ne nous regarde pas.

LE COUCHER.

Viens, la nuit nous prête
Son ombre discrète;
Tout est paisible et sans bruit.
La ville repose;
Dans ma chambre close
Nous sommes seuls, à minuit.

Viens, pose ton pied humide
Près du foyer bienfaisant,
Lève ce voile timide,
Quitte ce châle pesant.

Laisse que je tienne
Ta main dans la mienne,
Et ne parlons que de toi;
Dis-moi ton histoire;
Mais laisse-moi croire
Que tu n'as aimé que moi.

Détache ta chevelure
Qui retombe en ondoyant,
Et cette étroite ceinture,
Et ce col impatient.

Que le flot qui mène
La nacelle humaine
Vienne à nos pieds se briser!
Faisons-nous un monde,
Et que se confonde
Notre vie en un baiser!

De la robe qui te gêne
Ouvrons les plis familiers;
Tu gémis sous la baleine;
Délivrons les prisonniers.

    Que puis-je te dire?
    Ce que je désire
Se devine en se cachant;
    Le discours que j'aime
    Est toujours le même :
Les oiseaux n'ont qu'un seul chant.

Viens, ma honteuse colombe;
Tu n'as plus d'autre merci
Que cette gaze qui tombe...
Mais non : reste encore ainsi.

    Que la blanche toile
    Laisse encore un voile
Entre ton cœur et mon cœur :
    Sur ta gorge nue,
    Que soit retenue
Cette dernière pudeur.

Non. C'est trop de vœux timides :
Ouvre tes sens aux plaisirs;
Livre à mes baisers avides
Tes beautés et tes désirs !...

    Viens, la nuit nous prête
    Son ombre discrète;
Tout est paisible et sans bruit.
    La ville repose;
    Dans ma chambre close,
Nous sommes seuls, à minuit.

BONHOMME.

Vous ne savez pas mon âge ?
J'ai bientôt quatre-vingts ans :
Après un si long voyage,
On a connu bien des gens.
Mais je suis bon camarade,
Et toujours jeune d'humeur ;
Je ne suis jamais malade ;
J'ai bonne jambe et bon cœur.

    C'est Bonhomme
      Qu'on me nomme ;
Ma santé, c'est mon trésor ;
Et Bonhomme vit encor.

Il pleut ? J'ai mon parapluie ;
Il fait froid ? J'ai mon manteau.
Si par hasard je m'ennuie,
Je m'en vais voir couler l'eau.
La nature tutélaire
Veille sur les passereaux ;
Je laisse tourner la terre ;
Je ne lis pas les journaux.

    C'est Bonhomme
      Qu'on me nomme ;
Ma gaîté, c'est mon trésor,
Et Bonhomme rit encor.

J'avais assez de richesse ;
Mais je fus trop obligeant,
Ce qui fait qu'en ma vieillesse
Je n'ai pas beaucoup d'argent.
A quoi pourrais-je prétendre ?
Les petits vivent de peu ;
J'ai du vin et du pain tendre,
Et le soleil du bon Dieu.

  C'est Bonhomme
   Qu'on me nomme ;
Ma santé, c'est mon trésor ;
Et Bonhomme vit encor.

De tous côtés j'entends dire :
« Que ces jeunes gens sont fous ! »
Je ne fus meilleur ni pire
Que la plupart d'entre vous.
Eh quoi ! pour des peccadilles
Gronder ces pauvres amours !
Les femmes sont si gentilles !...
Et l'on n'aime pas toujours.

  C'est Bonhomme
   Qu'on me nomme ;
Ma gaîté, c'est mon trésor ;
Et Bonhomme rit encor.

Rien ne peut plus me surprendre :
Là-bas j'irai sans regret ;
Et, quand il faudra m'y rendre,
J'aurai mon paquet tout prêt.

J'ai fait quelque bien sur terre;
Bientôt je n'en ferai plus;
Quand je serai sous la pierre,
Je veux qu'on mette dessus :

« C'est Bonhomme
Qu'on me nomme;
Ma gaîté fut mon trésor.... »
Mais Bonhomme vit encor!

LA LIGUE DES MARIS.

Maris bénins, maris honnêtes,
Maris trompés, maris trompeurs,
Maris de toutes les couleurs
Et maris de toutes les têtes ;
Maris bernés, maris jaloux,
Maris enfin, unissons-nous,
Et tendons notre piége aux loups.

Les loups sont les célibataires,
Ces vauriens, ces mauvais sujets,
Qui vivent à tous les crochets
Et chassent sur toutes les terres.
Qu'ils sont heureux, les malheureux !
Leur bonheur demande vengeance :
Fondons une grande alliance ;
Inventons des ruses contre eux.

Maris bénins, maris honnêtes,
Maris trompés, maris trompeurs,
Maris de toutes les couleurs
Et maris de toutes les têtes ;
Maris bernés, maris jaloux,
Maris enfin, unissons-nous,
Et tendons notre piége aux loups.

Il faut les prendre par les pattes;
Connaissez enfin les moutons!
Avec impudence mentons :
Sachons nous montrer diplomates.
Disons que le bien souverain
Ne réside qu'en un ménage;
Que jamais le moindre nuage
Ne trouble notre ciel serein.

Maris bénins, maris honnêtes,
Maris trompés, maris trompeurs,
Maris de toutes les couleurs
Et maris de toutes les têtes;
Maris bernés, maris jaloux,
Maris enfin, unissons-nous,
Et tendons notre piége aux loups.

Perçons-les de nos épigrammes :
Fi donc! être seul ici-bas!
Un ange ne vous sourit pas :
Voyez la douceur de nos femmes.
Ah! lorsque votre tour viendra,
Vous verrez quelle différence!
Quels nouveaux trésors d'espérance,
D'amour, de joie et cætera!...

Maris bénins, maris honnêtes,
Maris trompés, maris trompeurs,
Maris de toutes les couleurs
Et maris de toutes les têtes;
Maris bernés, maris jaloux,
Maris enfin, unissons-nous,
Et tendons notre piége aux loups.

Bref, agissons par les contraires;
Tournons la lunette à l'envers :
D'or et de fleurs couvrons nos fers;
Emmiellons toutes nos misères.
Ainsi poussés, traqués, chargés,
S'ils se décident, pauvres hommes,
A devenir ce que nous sommes,
Il suffit, nous serons vengés !

Maris bénins, maris honnêtes,
Maris trompés, maris trompeurs,
Maris de toutes les couleurs
Et maris de toutes les têtes;
Maris bernés, maris jaloux,
Maris enfin, unissons-nous,
Et tendons notre piége aux loups.

LOUISE.

J'ai commencé trop de romans
Dont le premier mot est : « Je t'aime. »
Ma bouche a fait tant de serments,
Que mon cœur n'y croit plus lui-même.
  Pourtant, cette fois,
  Plus rien n'y conçois,
Si mon âme n'est pas bien prise.

  Combien de jours,
   O mes amours,
Durerez-vous avec Louise?

Vous dire de quelle façon
L'amour m'entraîna devers elle....
Toujours cette vieille chanson
Contient quelque note nouvelle.
  Elle avait des chants
  Si doux et touchants,
Qu'il faut toujours qu'on les redise.

  Combien de jours,
   O mes amours,
Durerez-vous avec Louise?

Ah! malgré tout, il restera
Au fond du cœur une croyance;

La blessure se rouvrira,
Que referme l'expérience.
  Je veux croire en toi ;
  Garde-moi la foi
Que tu ne m'avais pas promise...

  Combien de jours,
  O mes amours,
Durerez-vous avec Louise ?

Regarde le bout du chemin,
Et compte l'heure qui s'envole.
Non. Que nous importe demain,
Puisque aujourd'hui nous tient parole ?
  Reste entre mes bras,
  Et ne comptons pas :
Que « toujours » soit notre devise !...

  Combien de jours,
  O mes amours,
Durerez-vous avec Louise ?

LA CHANSON DE TRENTE ANS.

Le temps fuit, ma belle maîtresse :
    Nous voici rendus
A l'endroit où la route baisse,
    Pour ne monter plus.
Regarde l'horizon céleste
    Qui va se fermer.
Dépensons l'argent qui nous reste :
Laisse-moi, laisse-moi t'aimer.

Dans tes yeux je puisais l'ivresse :
    Ils vont se ternir ;
Ils n'auront de notre jeunesse
    Que le souvenir.
Le soleil, qu'incline l'automne,
    Perdra tous ses feux.
Mais sa flamme en tes yeux rayonne ;
Laisse-moi contempler tes yeux.

Ton front était pur et limpide :
    Les ans accomplis
Vont bientôt marquer d'une ride
    Ce marbre sans plis.
Tes cheveux tomberont sans gloire,
    Blanchis par le temps ;
Mais ta chevelure est si noire !
Livre-moi tes cheveux flottants.

Quand l'hiver étendra sa glace
    Sur ces traits creusés,
Ta joue aura perdu la trace
    De mes longs baisers.
Ta lèvre aura perdu, ma belle,
    Ses sourires d'or.
Mais ta bouche est la fleur nouvelle ;
Laisse-moi t'embrasser encor.

Tu n'auras plus ce col d'hermine
    Que je découvrais,
Ni cette taille souple et fine
    Que tu me livrais ;
Ni ta gorge non retenue
    Que j'aimais alors....
Mais si riche est ta gorge nue !
Laisse-moi compter mes trésors.

Quoi ! Plus rien, ma belle maîtresse,
    Plus rien aujourd'hui ?
Les désirs, fils de la jeunesse,
    Avec elle ont fui.
Quoi ! Rien, quand s'éteint cette flamme,
    Pour la rallumer ?
Mais l'amour embrase mon âme !
Laisse-moi, laisse-moi t'aimer.

LA SOLUTION.

1851.

On nous promet des merveilles :
Nous interrogeons les cieux ;
Nous ouvrons les deux oreilles,
Nous écarquillons les yeux.

  Bon, bon ! Remplis mon verre ;
Nous avons quelqu'un là-haut
  Qui sait ce qu'il faut faire,
Et qui fera ce qu'il faut.

Par les passions contraires
Les hommes sont désunis ;
Et nous avons tant de frères,
Que nous n'avons plus d'amis.

  Bon, bon ! Remplis mon verre ;
Nous avons quelqu'un là-haut
  Qui sait ce qu'il faut faire,
Et qui fera ce qu'il faut.

Chaque cause a son apôtre ;
L'un prétend que Dieu le veut :
Dieu ne le veut pas, dit l'autre ;
Entendez-vous, s'il se peut.

Bon, bon! Remplis mon verre;
Nous avons quelqu'un là-haut
　Qui sait ce qu'il faut faire,
Et qui fera ce qu'il faut.

Mon portier, tous les dimanches,
Est rouge comme le feu;
Mes blanchisseuses sont blanches,
Mon marchand de vin est bleu.

　Bon, bon! Remplis mon verre;
Nous avons quelqu'un là-haut
　Qui sait ce qu'il faut faire,
Et qui fera ce qu'il faut.

Un malade se lamente,
Il appelle un médecin;
Il en vient sept cent cinquante
De la Garonne au Bas-Rhin.

　Bon, bon! remplis mon verre;
Nous avons quelqu'un là-haut
　Qui sait ce qu'il faut faire,
Et qui fera ce qu'il faut.

L'un l'attaque par derrière,
Avec des moyens nouveaux.
Il lui faut du riz, dit Pierre;
Paul ordonne des pruneaux.

　Bon, bon! Remplis mon verre;
Nous avons quelqu'un là-haut
　Qui sait ce qu'il faut faire,
Et qui fera ce qu'il faut.

Il n'est plus temps que l'on rie :
Armons-nous et combattons;
Il faut sauver la patrie;
Nous sommes bourgeois... votons !

  Bon, bon ! Remplis mon verre ;
Nous avons quelqu'un là-haut
  Qui sait ce qu'il faut faire,
Et qui fera ce qu'il faut.

La patience a ses bornes ;
Voisin, il faut en finir ;
Nous allons montrer les cornes ;
Qu'on sache à quoi s'en tenir.

  Bon, bon ! Remplis mon verre ;
Nous avons quelqu'un là-haut
  Qui sait ce qu'il faut faire,
Et qui fera ce qu'il faut.

Prenons de sacrés emblèmes
Pour effrayer les poltrons :
Faisons-nous peur à nous-mêmes,
Quand nous nous regarderons.

  Bon, bon ! Remplis mon verre ;
Nous avons quelqu'un là-haut
  Qui sait ce qu'il faut faire,
Et qui fera ce qu'il faut.

Nous voulons un capitaine
Digne de pareils soldats :
Nommons tous Croquemitaine,
Pour qu'il ne nous mange pas.

Bon, bon ! Remplis mon verre ;
Nous avons quelqu'un là-haut
　Qui sait ce qu'il faut faire,
Et qui fera ce qu'il faut.

Que chacun à nu se montre :
Mes amis, dépouillons-nous ;
Êtes-vous pour, ou bien contre ?
Sacrebleu ! prononcez-vous !

Bon, bon ! Remplis mon verre ;
Nous avons quelqu'un là-haut
　Qui sait ce qu'il faut faire,
Et qui fera ce qu'il faut.

. . . .

La nature est immortelle ;
Il est encor de beaux jours ;
Ma maîtresse est toujours belle,
Mes amis m'aiment toujours.

Bon, bon ! Remplis mon verre ;
Nous avons quelqu'un là-haut
　Qui sait ce qu'il faut faire,
Et qui fera ce qu'il faut.

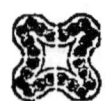

LE PHALANSTÈRE.

Tu veux, mon gaillard,
Changer la machine ronde,
Et faire, un peu tard,
Le bonheur de tout le monde? —
Ah! tant mieux!
Rendons les hommes heureux,
Mon compère;
Rendons les hommes heureux,
Et vive ton phalanstère,
Mon compère!

Pour guérir nos maux,
Voyons, que fais-tu? — Des phrases?
Tu forges des mots,
Tu nous ranges dans des cases! —
Bien plutôt,
Donne-nous la poule au pot,
Mon compère;
Donne-nous la poule au pot,
Et vive ton phalanstère,
Mon compère!

Du monde surpris
Tu rétablis l'équilibre;
Heureux les maris!
La femme redevient libre!... —
C'est un tort :

Rends-la fidèle d'abord,
　　Mon compère;
Rends-la fidèle d'abord,
Et vive ton phalanstère,
　　Mon compère!

　Sans doute la mer
T'a rendu souvent malade :
　De son flot amer
Tu fais une limonade. —
　　Sois plus fin :
Change l'Océan en vin,
　　Mon compère,
Change l'Océan en vin,
Et vive ton phalanstère,
　　Mon compère!

　On me dit tout bas
Que, comme faveur dernière,
　Tu nous orneras
D'un bout de queue au derrière.... —
　　Mais avant,
Embellis-nous par-devant,
　　Mon compère;
Embellis-nous par-devant,
Et vive ton phalanstère,
　　Mon compère!

　Tu n'es qu'un savant;
Mais je vois tes camarades
　Traduire souvent
Tes leçons en barricades... —

Halte là !
On peut s'aimer sans cela,
  Mon compère ;
Va, crois-moi, restons-en là ;
Et laisse ton phalanstère,
  Mon compère.

THÉRÈSE.

Air : *Fanfare de l'hallali par terre.*

La brune Thérèse
A vingt amoureux,
Et j'en suis bien aise,
Car je suis l'un d'eux.
Elle est si gentille,
Nous sommes si fous !
Elle est bonne fille
Et nous aime tous.

Mais c'est autre chose
Qui nous rend heureux :
Savez-vous la cause
De vingt amoureux ?

C'est qu'elle a pour plaire
De si noirs cheveux
Tombant jusqu'à terre,
Et de si grands yeux !...
Prunelles de flamme
Et contours d'argent ;
Des grâces de femme
Et des pieds d'enfant.

Non, c'est autre chose
Qui nous rend heureux :
Savez-vous la cause
De vingt amoureux ?

C'est que son corsage
Est bien arrondi,
Fripon son visage,
Son air étourdi,
Sa taille comprise
Entre les dix doigts ;
C'est qu'elle se grise
Quinze fois par mois.

Non, c'est autre chose
Qui nous rend heureux :
Savez-vous la cause
De vingt amoureux ?

C'est qu'elle est si bonne,
La gentille enfant !
C'est qu'elle pardonne
Ce qu'elle défend ;
C'est que sa voix chante
La nuit et le jour ;
C'est qu'elle est savante
Aux jeux de l'amour.

Non, c'est autre chose
Qui nous rend heureux :
Savez-vous la cause
De vingt amoureux ?

Le don invisible
Qui la fait aimer,
C'est chose impossible,
Hélas ! à nommer.

L'homme de la fable
En jugeait ainsi,
Qui disait au diable :
« Défrise ceci. »

Et voilà la chose
Qui nous rend heureux :
Vous savez la cause
De vingt amoureux.

Chasseurs, en campagne !
Battons les forêts ;
Parcourons montagne,
Taillis et marais !
Thérèse, ma brune,
Toujours je te vois,
Quand je vois la lune
Au milieu des bois.

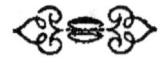

LE LION D'OR.

Air : *Fanfare du Renard.*

Allons, en chasse* !
C'est un renard ;
Et sur sa trace
La meute part. —

Que l'on se presse ;
Donnez du cor....
J'attends l'hôtesse
Du Lion d'or. —

Allons, en chasse !
C'est un renard ;
Et sur sa trace
La meute part. —

Poussez la bête
Loin du terrier ;
Je suis en quête
D'autre gibier. —

Allons, en chasse !
C'est un renard ;
Et sur sa trace
La meute part. —

* Le refrain : Allons, en chasse ! etc., doit être chanté par le chœur qui est censé s'éloigner, et qui, à partir du milieu de la chanson, doit s'affaiblir graduellement jusqu'à la fin.

Elle est plus belle
Que les Amours :
Je n'aime qu'elle
Depuis deux jours. —

Allons, en chasse !
C'est un renard ;
Et sur sa trace
La meute part. —

J'ai sa promesse
Et plus encor....
J'attends l'hôtesse
Du Lion d'or. —

Allons, en chasse !
C'est un renard ;
Et sur sa trace
La meute part. —

Avant l'aurore
Je l'attendais :
Le soleil dore
Mes verts volets. —

Allons, en chasse !
C'est un renard ;
Et sur sa trace
La meute part. —

On la dit veuve
De trois maris :
J'en fais l'épreuve,
Au même prix. —

Allons, en chasse !
C'est un renard ;
Et sur sa trace
La meute part. —

Un jour d'ivresse
Vaut un trésor :
J'attends l'hôtesse
Du Lion d'or. —

Allons, en chasse !
C'est un renard ;
Et sur sa trace
La meute part. —

Mon amour veille
Entre deux draps :
Je tends l'oreille ;
Je tends les bras. —

Allons, en chasse !
C'est un renard ;
Et sur sa trace
La meute part. —

Mais la cruelle
N'arrive pas....
On vient.... C'est elle :
J'entends ses pas. —

Allons, en chasse !
C'est un renard ;
Et sur sa trace
La meute part. —

Non, je m'en vante;
C'est mieux encor :
C'est la servante
Du Lion d'or. —

Allons, en chasse !
C'est un renard ;
Et sur sa trace
La meute part.

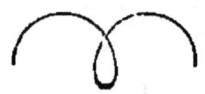

LE DIX-CORS.

Air : *Fanfare du cerf dix-cors.*

Le seigneur de la Mare
Est venu, l'automne dernier,
Me prier
D'aller, près de Tarare,
Piller sa cave et son gibier.
La chasse se prépare :
Le lendemain, nous accourons,
Dix lurons.

Au château de la Mare,
Pendant dix jours
Ont duré nos amours.

La baronne était belle,
Et pour nous son cœur soupirait,
Il paraît :
Car toujours auprès d'elle
Quelqu'un des chasseurs demeurait.
La chose était bizarre;
Mais le baron, qui le voyait,
En riait.

Au château de la Mare,
Pendant dix jours
Ont duré nos amours.

Chacun trouva sa place ;
Chacun eut ses bravos gratis,
Et ses bis ;
Et l'amoureuse chasse
Dura dix jours : nous étions dix ;
Dix jours, je le déclare,
Puisque j'eus pour moi le dernier
Tout entier !

Au château de la Mare,
Pendant dix jours
Ont duré nos amours.

On a forcé la bête,
On a pris le cerf aux abois ;
Et son bois
Est placé sur la tête
Du baron qui revient du bois.
Qu'on sonne la fanfare !
C'est bien un dix-cors, Dieu merci !
Le voici....

Au château de la Mare,
Pendant dix jours
Ont duré nos amours.

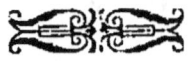

LES IMPOTS.

1851.

Bien que j'aie une patente,
Une femme et des enfants,
Je n'aime pas qu'on plaisante
Des impôts; je le défends.
D'enrichir notre patrie
Nous devons être contents.
Augmentez-les, je vous prie,
Messieurs les représentants.

Mon voisin me scandalise
Par un luxe ruineux;
Tous les jours, sous sa remise,
Roulent des chars orgueilleux.
J'entends dans son écurie
Hennir trois chevaux fringants....
Imposez-les, je vous prie,
Messieurs les représentants.

Ma femme est assez jolie;
J'en suis même un peu jaloux,
Car elle aime à la folie
Les chats blancs et les chiens roux.
De cette ménagerie
J'abhorre les habitants....
Imposez-les, je vous prie,
Messieurs les représentants.

J'accueille dans ma boutique
Des jeunes gens pommadés;
Je ménage leur pratique,
Mais je crains leurs procédés.
Ils en veulent à Marie,
Et j'ai déjà quatre enfants....
Imposez-les, je vous prie,
Messieurs les représentants.

Je ne bois que de l'eau claire;
Par goût, je ne fume pas :
Frappez le vin et la bière;
N'épargnez point les tabacs;
Seulement, l'épicerie
Souffre depuis bien longtemps.
Dégrevez-la, je vous prie;
Messieurs les représentants.

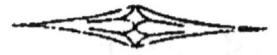

LES RÉFORMES.

1851.

Le monde a des abus énormes ;
Il est bien temps de changer tout.
Nous allons faire des réformes :
Nous ne laisserons rien debout.
D'abord, réformons nos costumes ;
Dépouillons-nous du bas en haut....
Mais nous n'avons ni poils ni plumes,
Et, l'hiver, il ne fait pas chaud.

 Après tout, mon compère,
Le monde est fait comme cela.
Conservons notre habit vulgaire ;
Abandonnons cette réforme-là.

Il est une chose incongrue
Qui m'a toujours fort irrité :
Nous n'avons pas pignon sur rue,
Et l'on parle d'égalité !
Tant pis pour mon propriétaire ;
Je ne veux plus rien lui payer....
Mais, dans trois mois, un prolétaire
Viendra toucher notre loyer....

Après tout, mon compère,
Le monde est fait comme cela.
Payons notre propriétaire ;
Abandonnons cette réforme-là.

※

La famille est un esclavage ;
Les grands parents ont fait leur temps.
Abolissons le mariage :
Que les maris seront contents !
Mais voilà bien longtemps que j'aime
Celle que je nomme tout bas ;
Et, si je la veux pour moi-même,
Je veux qu'un autre ne l'ait pas.

Après tout, mon compère,
Le monde est fait comme cela.
On aime sa femme et sa mère ;
Abandonnons cette réforme-là.

※

Bornons-nous à la politique :
Jadis nous fûmes libéraux ;
Nous préparions la république ;
Nous nous conduisions en héros.
Aujourd'hui, c'est tout le contraire ;
Mais, que reviennent les Tarquins,
Et, si je sais bien notre affaire,
Nous deviendrons républicains.

Après tout, mon compère,
Le monde est fait comme cela.

Laissons la république faire ;
Abandonnons cette réforme-là.

Récapitulons, mon compère :
Je vois que nous ne changeons rien ;
Alors, laissons tourner la terre,
Et proclamons que tout est bien.
Mais nous tombons dans les extrêmes ;
Je crois que nous devenons vieux.
Si nous nous réformions nous-mêmes,
Peut-être que tout irait mieux.

Qu'en dis-tu, mon compère ?
Le monde est fait comme cela.
Commençons par savoir nous taire ;
Tâchons d'avoir cette réforme-là.

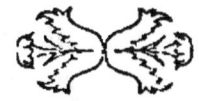

LE MESSAGE.

Tu pars pour ce pays heureux
Que je fuis et qui me rappelle ;
C'est là que s'en vont tous mes vœux,
C'est là qu'habite l'infidèle....

C'est là qu'habite l'infidèle ;
C'est là que tu la vis rêver,
Un soir d'automne, à sa fenêtre ;
Ne cherche pas à la trouver !...
Tu la rencontreras peut-être....

Tu la rencontreras peut-être,
Près du fleuve, au déclin du jour,
Seule.... Alors, si sa voix t'appelle,
Ne parle pas de mon amour !...
Peut-être t'en parlera-t-elle....

Peut-être t'en parlera-t-elle,
Des serments que seul j'ai tenus ;
Dis-lui ma raison affaiblie ;
Dis-lui que je ne l'aime plus !...
Ne lui dis pas que je l'oublie....

Ne lui dis pas que je l'oublie ;
L'ingrate ne le croirait pas ;
Ne cherche pas à me défendre,
Et ce que tu lui cacheras,
Fais qu'elle puisse le comprendre....

Fais qu'elle puisse le comprendre,
Ce mal qui me ronge le cœur;
Que ma voix parle par ta bouche,
Que tes yeux disent ma douleur;
Et, si ma souffrance la touche....

Et, si ma souffrance la touche,
Si des pleurs tombent de ses yeux,
Surtout, ne dis pas que je l'aime....
Non!... Nous partirons tous les deux :
Je veux le lui dire moi-même!

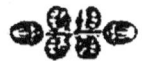

PANDORE

ou

LES DEUX GENDARMES.

Deux gendarmes, un beau dimanche,
Chevauchaient le long d'un sentier ;
L'un portait la sardine blanche,
L'autre, le jaune baudrier.
Le premier dit d'un ton sonore :
« Le temps est beau pour la saison.
— Brigadier, répondit Pandore,
Brigadier, vous avez raison. »

Phœbus, au bout de sa carrière,
Put encor les apercevoir ;
Le brigadier, de sa voix fière,
Troubla le silence du soir :
« Vois, dit-il, le soleil qui dore
Les nuages à l'horizon.
— Brigadier, répondit Pandore,
Brigadier, vous avez raison.

— Ah ! c'est un métier difficile :
Garantir la propriété ;
Défendre les champs et la ville
Du vol et de l'iniquité !

Pourtant, l'épouse qui m'adore
Repose seule à la maison.
— Brigadier, répondit Pandore,
Brigadier, vous avez raison.

— Il me souvient de ma jeunesse ;
Le temps passé ne revient pas....
J'avais une folle maîtresse
Pleine de mérite et d'appas.
Mais le cœur... (pourquoi ?... je l'ignore,)
Aime à changer de garnison.
— Brigadier, répondit Pandore,
Brigadier, vous avez raison.

— La gloire, c'est une couronne
Faite de rose et de laurier ;
J'ai servi Vénus et Bellone :
Je suis époux et brigadier.
Mais je poursuis ce météore
Qui vers Colchos guidait Jason...
— Brigadier, répondit Pandore,
Brigadier, vous avez raison. »

Puis, ils rêvèrent en silence ;
On n'entendit plus que le pas
Des chevaux marchant en cadence ;
Le brigadier ne parlait pas.
Mais, quand revint la pâle aurore,
On entendit un vague son :
« Brigadier, répondait Pandore,
Brigadier, vous avez raison. »

L'HISTOIRE DU MENDIANT.

Jeunes gens qui chantez à table,
Prenez pitié de moi : j'ai faim.
— Non. — Laissez prendre au pauvre diable,
J'ai soif, une goutte de vin.
— Non. — Ma nudité me fait honte;
J'ai froid. — Allons, c'en est assez !
— Voulez-vous que je vous raconte
Une histoire des temps passés ?

 — Ah ! voyons ton histoire;
 Va, nous t'écoutons tous;
Te croira qui voudra te croire,
Allons, vieillard, divertis-nous.

 — « Un jour, dans un festin immense,
Les grands du monde étaient assis,
La richesse avec la puissance
De tout temps et de tout pays.
Déjà, dans la noble assemblée,
Le plaisir allait grandissant,
Lorsque, sur la porte ébranlée,
Heurta le bâton d'un passant. »

 — Ah, ah ! la bonne histoire !
 Va, nous t'écoutons tous;
Te croira qui voudra te croire,
Allons, vieillard, divertis-nous.

— « Alors, une voix lamentable :
Seigneur de ce lieu, laisse-moi
Prendre les miettes de la table ;
Je prîrai le bon Dieu pour toi.
— Qui donc es-tu ? — Je suis ton frère.
— Toi ? Veux-tu railler par hasard ?
Je suis l'empereur de la terre,
Et je me nomme Balthazar ! »

 — Ah, ah ! la bonne histoire !
 Va, nous t'écoutons tous ;
Te croira qui voudra te croire ;
Allons, vieillard, divertis-nous.

— « Et moi, je me nomme Lazare ;
Tu t'en souviendras quelque jour.
Pour le pauvre tu fus avare ;
Tu deviendras pauvre à ton tour.
Et vous, les heureux de la terre,
N'avez-vous plus de charité ?
Qui veut soulager ma misère ?
Qui veut couvrir ma nudité ? »

 — Ah, ah ! la bonne histoire !
 Va, nous t'écoutons tous ;
Te croira qui voudra te croire ;
Allons, vieillard, divertis-nous.

— « D'effroi leur âme était saisie :
Tiens, dit l'un, accepte mon pain.
Prends mes bijoux, dit Aspasie ;
Prends mon manteau, dit saint Martin.

Et lui, sur une ligne étroite,
Promenant son bâton fatal :
« Hommes de bien, passez à droite ;
Restez à gauche, hommes de mal ! »

— Ah ! laissez votre histoire ;
Vieillard, asseyez-vous,
Venez, venez manger et boire,
Et priez le bon Dieu pour nous.

LA VALSE DES ADIEUX.

Il est un air à la fois vif et tendre
Dont j'ai gardé le touchant souvenir ;
J'aimais jadis, j'aime encore à l'entendre ;
Il m'annonçait qu'elle devait venir.
C'était l'écho d'une valse entraînante
Que nous avions entendue un beau soir ;
Nous la chantions.... Sa voix était charmante ;
Nous l'appelions la Valse du revoir.

Chaque matin, j'entr'ouvrais ma fenêtre,
Pour épier l'harmonieux signal,
Et, du moment qu'on me voyait paraître,
On entonnait le refrain matinal.
Et, tout le jour, notre valse sonore
Frappait le ciel blanc ou bleu, gris ou noir ;
La nuit venait ; nous la chantions encore ;
Nous l'appelions la Valse du revoir.

Or, qu'advint-il ? Je le dirai sans rire :
Un air nouveau remplace un air ancien ;
Sans le savoir, et surtout sans le dire,
Chacun de nous avait changé le sien.
Le souvenir, même d'une folie,
A quelquefois des larmes dans les yeux ;
J'ai retenu la valse qu'elle oublie,
Pour l'appeler la Valse des adieux.

LES VOIX DE LA NUIT.

La nuit était calme et sereine ;
Paris, retenant son haleine,
Se reposait silencieux.
J'ouvris ma fenêtre bâtarde,
Et, des hauteurs de ma mansarde,
Au hasard j'abaissai mes yeux.

Les toits voisins, dans la pénombre,
Coupaient leur silhouette sombre
En angles noirs sur un fond gris.
De loin en loin, quelques lumières
Dénonçaient des mains ouvrières
Ou de romanesques esprits.

Et, du milieu de ce silence,
Je crus entendre un chœur immense
Qui vers le ciel montait sans bruit ;
Et j'écoutai, durant une heure,
S'élevant de chaque demeure,
Les voix confuses de la nuit.

C'était la plainte universelle,
L'espérance toujours nouvelle
De la souffrante humanité.
Car, dans leurs veilles ou leurs rêves,
Les esprits humains n'ont de trêves
Qu'en dehors de la vérité.

D'une étroite et basse fenêtre
Sortait un soupir, et peut-être
Un blasphème.... N'écoutons pas !
Puis : « La richesse ! la richesse ! »
Disait-on. « Elle fuit sans cesse,
Et je suis toujours sur ses pas ! »

Là, sur sa couche maladive,
Un vieillard disait : « Que je vive !
Et je ne demande plus rien ! »
— « Mon Dieu, donnez-moi la puissance !
Le peuple, en sa reconnaissance,
Dira votre nom et le mien ! »

Un artiste criait : « La gloire !
Dieu, faites vivre ma mémoire,
Et confondez tous mes rivaux ! »
— « Ah ! l'ennui consume ma vie ;
Il faut à ma coupe assouvie
Des vins et des plaisirs nouveaux. »

— « Une pure image de femme
A pris le chemin de mon âme, »
Disaient des cœurs adolescents.
— « Mon Dieu, qu'il fasse beau, dimanche !
Je dois mettre ma robe blanche, »
Chantait un souci de quinze ans.

Ainsi, chaque voix, douce ou triste,
Avait sa prière égoïste,
Et demandait à Dieu toujours
D'oublier la douleur commune,
Pour s'occuper de sa fortune,
De sa gloire ou de ses amours.

Et pas une action de grâces
Ne s'élevait dans les espaces,
Libre du terrestre souci ;
Pas une voix reconnaissante
Ne bénissait l'heure présente,
Pour aller dire à Dieu : « Merci ! »

La nuit était calme et sereine :
Paris, retenant son haleine,
Se reposait silencieux,
Et, dans ma rêverie austère,
Détachant mes yeux de la terre,
Je les élevai vers les cieux !

ROSE-CLAIRE-MARIE.

Dieu fait selon votre désir,
    Puisque vous êtes mère.
Quel nom pourriez-vous donc choisir
    Pour cette fille chère ?
Regardez son œil velouté,
    Sa bouche demi-close :
Pour lui prédire la beauté,
    Si vous la nommiez Rose ?

Mais la beauté, vous le savez,
    C'est le bien périssable ;
Vous voulez les cœurs éprouvés,
    La douceur immuable.
C'est encore une autre beauté
    Par laquelle on sait plaire ;
Pour lui prédire la bonté,
    Si vous la nommiez Claire ?

Il est encore un nom plus doux
    Que j'ose à peine dire,
Car je sens trop, auprès de vous,
    Le parfum qu'il respire.
C'est le baume consolateur
    De l'âme endolorie,
C'est la vertu, c'est la pudeur :
    Appelez-la Marie.

Ou plutôt, prenez ces trois noms
   Et mettez-les ensemble ;
Qu'ils soient comme les trois chaînons
   Dont le nœud vous rassemble.
De la fille que vous aimez
   Soyez mère chérie,
Car, comme elle, vous vous nommez.
   Rose-Claire-Marie.

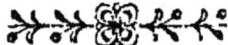

LA PREMIÈRE MAITRESSE.

Parfois, durant les sombres jours,
Près de la braise paresseuse,
Je repasse de mes amours
La suite déjà trop nombreuse.
Alors, vers moi je vois venir
Les compagnes de mon enfance,
Douces comme le souvenir,
Et belles comme l'espérance.

Ah! toujours on s'attendrira
Au souvenir de la jeunesse;
 Jamais on n'oublira
 Sa première maîtresse!

Parmi ces fantômes flottants,
D'abord je te vois apparaître,
Toi que j'oubliai si longtemps,
Et que seule j'aimai peut-être.
L'âge n'a pas glacé tes sens;
La distance a doublé tes charmes;
Ma bouche sourit, et je sens
Que mes yeux s'emplissent de larmes.

Ah! toujours on s'attendrira
Au souvenir de la jeunesse;
 Jamais on n'oublira
 Sa première maîtresse!

D'autres ont pu de mon amour
Avoir la crédule apparence ;
Chacune passait à son tour
En m'emportant une croyance.
Me trompais-tu ?... Je n'en sais rien ;
Étais-tu belle ?... Je l'ignore ;
Mais je sais que je t'aimais bien ;
Et je ne doutais pas encore.

Ah ! toujours on s'attendrira
Au souvenir de la jeunesse ;
   Jamais on n'oublîra
   Sa première maîtresse !

Pourquoi t'ai-je quittée un jour,
Pour quelle maîtresse inconnue....
Sans regret comme sans retour ?
Et depuis, qu'es-tu devenue ?
Je n'ai pas même ton portrait
Pour me rappeler ta mémoire ;
Mon cœur est le livre secret
Où je lis encor notre histoire.

Ah ! toujours on s'attendrira
Au souvenir de la jeunesse ;
   Jamais on n'oublîra
   Sa première maîtresse !

Es-tu pauvre ou riche aujourd'hui,
Fille de douleur ou de joie ?
Si tu n'as pas besoin d'appui,
Que jamais je ne te revoie !

Mais, en quelque lieu que tu sois,
Que Dieu t'épargne la misère....
Si tu n'es plus, entends ma voix;
Mon souvenir, c'est ma prière.

Ah! toujours on s'attendrira
Au souvenir de la jeunesse;
   Jamais on n'oubliera
   Sa première maîtresse!

LE VOYAGE AÉRIEN.

J'ai rompu le dernier lien
Qui me rattachait à la terre ;
Sur mon navire aérien
Je m'élance dans l'atmosphère.

Le tissu flexible et léger,
Que gonfle le subtil fluide,
Part, sans secousse et sans danger,
Au hasard du vent qui le guide.

La terre s'éloigne de moi ;
Je glisse dans l'air diaphane ;
Je vois l'abîme sans effroi,
Et dans l'immensité je plane.

Les champs dorés et les prés verts,
Les eaux d'argent, les toits de brique,
Forment, avec leurs tons divers,
Une éclatante mosaïque.

Sous un brouillard épais et lourd
Les villes grisâtres pâlissent ;
Leur aspect sombre et leur bruit sourd
Dans le néant s'ensevelissent.

O les humaines passions,
Les espérances mensongères !
O les basses ambitions
Qui grouillent dans ces fourmilières !

Adieu, terre ! j'ai pris mon vol
Au delà des zones connues ;
Mes pieds ne touchent plus le sol ;
Je sonde l'infini des nues !

Voici le zénith étoilé ;
L'horizon disparaît immense ;
Il semble que Dieu m'ait parlé,
Et que l'éternité commence !...

Mais l'air plus rare a, dans les cieux,
Ralenti mon élan rapide ;
Le froid me saisit, et mes yeux
Se sont couverts d'un voile humide.

Ah ! c'en est fait, l'immensité
Ne sied qu'à l'essence divine ;
Je sens bien que l'humanité
Frémit encore en ma poitrine.

Sur le sol qui soutint mes pas
Est une famille que j'aime ;
Des amis m'attendent là-bas,
Qui me sont plus chers que moi-même.

Ah ! que le soleil était beau !
Je veux, je veux fouler la terre,
La terre qui fut mon berceau,
Et qui couvrira ma poussière !

Terre, terre, je te revois !
Salut, ma maison sédentaire,
Gaîté des champs, calme des bois !
Salut, mes sœurs, salut, ma mère !

MON HÉRITAGE.

Mon cher, il faut que tu penses
Au repos de tes vieux jours;
De l'argent que tu dépenses
Tu te souviendras toujours.
As-tu fait, pour un autre âge,
Quelque placement prudent?
— Moi? J'attends un héritage,
Et je chante en l'attendant.

— As-tu donc, en Amérique,
Un vieil oncle invétéré?...
Une tante apoplectique,
Ou bien un cousin curé?
— Non. Je n'ai, pour tout potage,
Que mes frères en Adam;
Mais j'attends un héritage,
Et je chante en l'attendant.

— As-tu quelque chose en vue,
Quelque place, quelque état,
Quelque fille bien pourvue?
Veux-tu te faire soldat,
Usurier prêtant sur gage,
Ou bien avocat plaidant?
— Non. J'attends un héritage,
Et je chante en l'attendant.

Car il doit être sur terre
Au moins un riche garçon,
Au moins une douairière
Qu'amusera ma chanson.
Grâce à ma gaîté, je gage
Qu'ils riront en décédant;
Et j'attends leur héritage,
Et je chante en l'attendant.

Il viendra bientôt, te dis-je,
Je ne sais d'où ni comment....
Il se peut qu'on le rédige,
Quelque part, en ce moment.
Toi, qui signes cette page,
Je te pleure... et cependant
J'accepte ton héritage,
Et je chante en l'attendant.

On frappe.... C'est mon affaire;
J'entends le bruit d'un papier :
Entrez, monsieur le notaire....
Ah! pardon, c'est un huissier.
Mais, baste! on sait que le sage
Est prêt à tout accident;
Et j'attends mon héritage,
Et je chante en l'attendant.

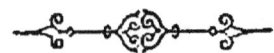

PARIS.

Paris, la ville enchanteresse
Qui nous prend toutes nos amours,
Paris, la belle pécheresse,
Paris, l'infidèle maîtresse
Qu'on veut quitter, et qu'on reprend toujours!

Dis-moi d'où te vient cet empire,
Ce charme invisible et puissant,
Qui nous subjugue et nous attire,
Et qui fait que l'on ne respire
Qu'entre tes murs d'où l'air sain est absent?

C'est que tu résumes la France;
C'est que de Strasbourg à Quimper
Et de la Flandre à la Provence,
Tout s'assimile à ton essence,
Comme fait l'eau des fleuves à la mer.

C'est qu'en tes entrailles humaines
On sent battre un cœur généreux
Qui prend le sang noir de nos veines,
Et, par les artères lointaines,
Le rend plus rouge au corps plus vigoureux.

Paris, la ville enchanteresse
Qui nous prend toutes nos amours,
Paris, la belle pécheresse,
Paris, l'infidèle maîtresse
Qu'on veut quitter, et qu'on reprend toujours!

C'est là qu'on peut vivre à sa guise,
Être impunément sage ou sot,
Aller au théâtre, à l'église,
Sans qu'aussitôt chacun se dise :
« C'est un athée, » ou bien : « C'est un cagot ! »

C'est la ville des femmes frêles,
Au teint pâle, au charmant parler,
Et dont les grâces naturelles,
En tous lieux servant de modèles,
Vont s'imitant, sans jamais s'égaler.

C'est la ville des folles mises,
Des excentriques, des hâbleurs,
Des existences incomprises,
Des fantastiques entreprises,
Des gueux honteux et des riches voleurs.

Paris, la ville enchanteresse
Qui nous prend toutes nos amours,
Paris, la belle pécheresse,
Paris, l'infidèle maîtresse
Qu'on veut quitter, et qu'on reprend toujours !

Les arts y gravent la mémoire
Du siècle qui passe en courant ;
C'est là que se fait notre histoire,
C'est là qu'on va chercher la gloire,
Qu'on vit obscur, et qu'on peut mourir grand.

Mais, sous ton atmosphère impure,
O Paris, tu ne connais pas
Quelle est la voix de la nature,
Quelle couleur a la verdure,
Quelle senteur s'exhale des lilas.

Déjà, l'air plus doux nous rappelle
Que l'hiver bientôt finira ;
Ah ! que revienne l'hirondelle !
Nous voyagerons avec elle ;
Nous reviendrons quand elle partira.

Paris, la ville enchanteresse,
Qui nous prend toutes nos amours,
Paris, la belle pécheresse,
Paris, l'infidèle maîtresse
Qu'on veut quitter, et qu'on reprend toujours !

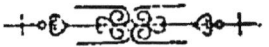

L'ÉTÉ DE LA SAINT-MARTIN.

Les campagnes sont dépouillées,
Les horizons sont élargis ;
Voici la saison des veillées ;
Rentrons le bois mort au logis.
Pourtant, le soleil qui nous quitte
Semble avoir regret de sa fuite ;
Joyeux, il brille ce matin :
C'est l'été de la Saint-Martin.

Un vieux tilleul du voisinage,
Effeuillé déjà dès longtemps,
S'est mis bravement à l'ouvrage,
Croyant au retour du printemps.
L'aimable erreur de la nature
D'une renaissante verdure
A couronné son front hautain :
C'est l'été de la Saint-Martin.

Déjà, deux fauvettes frileuses,
Se souvenant de leurs beaux jours,
Et de la saison oublieuses,
Ont recommencé leurs amours.
Leur voix chante encore plus douce ;
Elles vont becquetant la mousse
Pour bâtir un nid incertain :
C'est l'été de la Saint-Martin.

Allons, par les plaines désertes,
Près du tilleul qui rajeunit;
Nous verrons, sous les feuilles vertes,
Les fauvettes faire leur nid.
Témoins de leurs amours fidèles,
Nous ferons un retour, comme elles,
Vers un passé déjà lointain :
C'est l'été de la Saint-Martin.

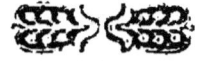

MES MÉMOIRES.

César contait ses victoires;
Nous dépassons les anciens :
Mon portier fait ses Mémoires;
Je veux publier les miens.
Car enfin toute la terre
Se demanderait pourquoi
L'histoire ne parle guère
D'un grand homme tel que moi.

Allons, mon encre et mes plumes,
Tracez, pour mes descendants,
Mes Mémoires, deux volumes
In-octavo, douze francs!

Il faut que l'on sache au juste
A quelle heure je suis né,
Où l'on doit placer mon buste,
Si j'étais ou non l'aîné.
Je compterai les fenêtres
De mon antique maison;
Je vieillirai mes ancêtres;
J'embrouillerai mon blason.

Allons, mon encre et mes plumes,
Tracez, pour mes descendants,
Mes Mémoires, deux volumes
In-octavo, quinze francs!

Je parle de mon enfance :
Je fus malade souvent.
Quand on songe que la France
Pouvait perdre cet enfant !
A ma naissance, ma mère
De langes m'enveloppa ;
Puis, je marchai sans lisière ;
A dix mois, je dis : « Papa ! »

Allons, mon encre et mes plumes,
Tracez, pour mes descendants,
Mes Mémoires, trois volumes
In-octavo, dix-huit francs !

Il faut aussi que l'on sache
L'heure de mes déjeunés,
La couleur de ma moustache
Et la coupe de mon nez,
Je veux mettre à nu mon âme,
Avec toutes ses vertus ;
J'y joindrai même, en réclame,
Des défauts que je n'ai plus.

Allons, mon encre et mes plumes,
Tracez, pour mes descendants,
Mes Mémoires, cinq volumes
In-octavo, vingt-cinq francs !

Je raconte mon voyage
De Pontoise à Saint-Germain ;
Remarquez bien ce passage :
Je fais l'aumône en chemin.

C'est quatre sous qu'il m'en coûte;
Mais mes neveux apprendront
Tout ce que j'ai fait en route;
Ces papiers le leur diront.

Allons, mon encre et mes plumes,
Tracez, pour mes descendants,
Mes Mémoires, six volumes
In-octavo, trente francs!

Je montrerai mes maîtresses
Dans un discret négligé :
Deux grisettes, trois duchesses,
Madame A***, mylady G***.
Je couronnerai de roses
Les vierges de l'Opéra;
Je raconterai des choses
Que personne ne croira.

Allons, mon encre et mes plumes,
Tracez, pour mes descendants,
Mes Mémoires, dix volumes
In-octavo, deux cents francs!

Qu'on me lise, et qu'on s'étonne!
Je ne ménagerai rien;
Je n'épargnerai personne :
Mes amis, tenez-vous bien!
Indulgent pour moi que j'aime,
Je m'élève un Panthéon,
Et, Plutarque de moi-même,
J'égale Napoléon.

Allons, mon encre et mes plumes,
Tracez, pour mes descendants,
Mes Mémoires, cent volumes
In-octavo, mille francs !

LE JARDIN DE TÉHADJA

CHANSON PERSANE.

Ce n'était pas le jour encore;
Ce n'était plus la nuit déjà;
Je voyais s'élargir l'aurore
Dans le jardin de Téhadjâ.

Les rossignols, sous la feuillée,
De l'aube fuyant le retour,
Charmaient la nature éveillée
Par le dernier chant de l'amour.

Les fleurs humides de rosée
Se relevaient de leur sommeil,
Et prenaient leur teinte irisée
En se tournant vers le soleil.

La source, miroir des étoiles,
Ne peignait plus le ciel changeant,
Et, comme une vierge sans voiles,
Laissait voir son sable d'argent.

Et je pensai lors à ma belle :
Rossignols, vos chants sont moins doux;
Fleurs, vous ne brillez pas comme elle;
Source, elle est plus pure que vous.

SOUVENIRS DE VOYAGE.

Ami, t'en souvient-il, de nos courses errantes,
Quand, légers de soucis et dépourvus de rentes,
    Sans équipage et sans chevaux,
Le bâton à la main et le sac sur l'épaule,
Nous allions parcourir les sentiers de la Gaule,
    Gambadant par monts et par vaux?

Nous voulions découvrir d'impossibles contrées,
Des rivages perdus, des routes ignorées,
    Des sites riants ou glacés;
Nous voulions remonter aux sources des rivières,
Gravir sur des rochers, et lire sur des pierres
    L'histoire des siècles passés.

Nous voulions voir aussi les châteaux de Touraine,
Les dolmens décevants dont la Bretagne est pleine,
    Et les océans orageux,
Les costumes perdus et les mœurs surannées,
Notre Rhône et leur Rhin, les pics des Pyrénées
    Et les Alpes au front neigeux.

Je n'ai rien oublié; tout vit dans ma mémoire;
C'est là que, relisant notre première histoire,
    Souvent je me sens rajeunir;
Et le jour, quand je pense, et la nuit, quand je rêve,
Au hasard, avec toi, sur les monts, sur la grève,
    Je voyage de souvenir.

Voici le jour, partons. La fraîcheur matinale
Des champs silencieux et des forêts s'exhale
  Avec mille parfums divers;
La rosée en tombant perle sur la feuillée,
Et déjà l'alouette, avant nous éveillée,
  S'élance en chantant dans les airs.

Nous prenons notre vol et nos chansons comme elle :
Allons, le paresseux! Allons, vite, la belle,
  Debout! Est-ce ainsi que l'on dort?
Puis, adieu le village et l'auberge avenante,
Et la vieille aubergiste et la jeune servante
  Du Grand Cerf ou du Lion d'or.

Nous partons; nous prenons notre course première,
Comme écoliers faisant l'école buissonnière,
  Jouant, riant à travers champ;
Et puis, lorsque, tombant sur nos têtes moins gaies,
Le soleil a ployé nos jambes fatiguées,
  Nous réfléchissons en marchant.

Salut, les pampres verts, les ruines antiques,
Les riantes maisons, les tourelles gothiques
  Flanquant les murs d'un noir château,
Les villages déserts, les modestes églises,
Les filles du pays naïvement surprises,
  Et la halte au bord d'un ruisseau!

Allons! là-bas, bientôt, nous verrons apparaître
La branche de sapin qui pend à la fenêtre
  D'un incroyable cabaret,
Et qui promet de loin, sirène dangereuse,
Le cidre pétillant ou la bière mousseuse,
  Le petit blanc ou le clairet.

Puis, les mille incidents, les rencontres étranges;
Puis, les foins ramassés, les moissons, les vendanges,
    Les chevaux vifs et les bœufs lents,
Une dame qui passe au fond de sa voiture,
Et qui rit.... Puis, le soir, le dîner d'aventure,
    Et la chambre aux rudes draps blancs.

Mon ami, c'étaient là les beaux jours de la vie;
Ils font nos souvenirs; ils feront notre envie;
    Nous ne demandions rien au sort :
Que pouvait-il manquer à notre humble ordinaire?
Les repas les meilleurs sont ceux que l'on digère,
    Les meilleurs lits, ceux où l'on dort.

Ah! lorsque, bien changés, près du foyer tranquille,
Le boiteux rhumatisme ou la goutte immobile
    Nous tiendront souffrants ou perclus,
Comme nous conterons à de jeunes oreilles
Les mille événements, les monts et les merveilles
    Que nous ne verrons jamais plus!

Nous dirons les plaisirs, les dangers du voyage;
Même, nous conterons plus d'un fameux passage
    Que nous n'avons pas traversé;
Et puis, pour terminer, graves comme un vieux livre,
Nous dirons aux enfants que l'on ne sait plus vivre,
    Et que le bon temps est passé.

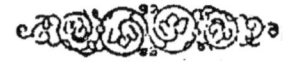

LA BAYADÈRE VOILÉE.

CHANSON GÉORGIENNE.

Bayadère, dis-moi
    Pourquoi
Ce trouble et cet effroi?
Sous un voile odieux,
    Tes yeux
Craignent l'éclat des cieux.
Viens-tu de l'Occident
    Prudent
Où règne le soudan?

Quitte ces vains atours;
    Tu cours
Sur l'or et le velours.
Tes pieds sèment les fleurs;
    Je meurs;
Mes yeux versent des pleurs.
Viens-tu du ciel lointain
    Que teint
Le soleil du matin?

Danse, danse : les cerfs
    Moins fiers
Courront dans les déserts.
Chante, chante : à ta voix
    Je vois

S'enfuir l'oiseau des bois.
Viens-tu du golfe Indien
     Ou bien
De l'empire chrétien?

Va, sous l'épais tissu,
     J'ai su
Lire en ton cœur déçu.
J'ai, dans tes yeux surpris,
     Appris
Ton nom et ton pays.
Tu vis aux bords du Kour
     Le jour,
Et ton nom est l'Amour.

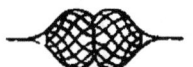

INSOMNIE.

En vain, sur ma couche brûlante,
Je cherche un repos qui me fuit;
La nuit est sombre, l'heure est lente;
La cloche triste dit minuit.

Les soucis, fils de l'insomnie,
Assiégent mon esprit fiévreux;
Une image, cent fois bannie,
Cent fois reparaît à mes yeux.

Fée ou muse, mon adorée,
Toi qui visites mon sommeil,
Ouvre-moi la porte nacrée
Du pays où tout est vermeil.

Rappelle-moi l'heureuse enfance,
Dore le brumeux avenir ;
N'est-ce pas toute l'existence,
Espérer et se souvenir?

Peuple ma modeste demeure
Des amis que j'eus autrefois;
Hélas! il en est que je pleure;
Mais en songe je les revois!

Alors, le temps et la distance
Disparaissent comme l'éclair;
Le monde fuit, et je m'élance
Dans le vague azuré de l'air.

Le beau ciel, la belle campagne !
Nous sommes deux ; nous voyageons ;
C'est l'Italie ou c'est l'Espagne ;
Tu peins, je chante, et nous marchons !...

Regarde, ami, cette fenêtre :
Une femme est assise auprès.
Je cherche... et, sans la reconnaître,
Je me rappelle tous ses traits.

Est-ce vous, Laure, ou vous, Adèle ?
Dites-moi votre nom tout bas ;
Est-ce vous ?... Non. C'est encore elle,
Celle que je ne nomme pas !

Ah ! ma plaie est encor saignante....
Que vois-je ? Elle me tend la main ;
Sa voix est douce et pénétrante :
A demain, dit-elle, à demain !

Elle fuit.... et je veux la suivre....
Des liens retiennent mes pas....
Jusqu'à demain laissez-moi vivre ;
A demain ! Ne m'éveillez pas.

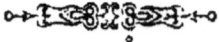

LA VIEILLE SERVANTE.

Gudule est la vieille servante
Qui nous tint petits en ses bras ;
L'âge a rendu sa main tremblante ;
Un long fauteuil retient ses pas.
Elle est près du foyer qui brille,
Comme un vieux portrait de famille.

Allons, Gudule, endormez-vous ;
La cloche va tinter huit coups.

Dans sa pauvre tête alourdie
On sent décroître sa raison ;
Toute la famille est grandie ;
Elle est l'enfant de la maison.
Nous berçons sa triste vieillesse
Comme elle fit notre jeunesse.

Allons, Gudule, endormez-vous :
La cloche va tinter huit coups.

Gudule est quelquefois grondeuse,
Surtout quand le temps va changer ;
Nous écoutons sa voix pleureuse,
Sans rire et sans nous corriger.
Chez nous, on n'oserait rien faire
Sans son avis... qu'on ne suit guère.

Allons, Gudule, endormez-vous :
La cloche va tinter huit coups.

Nous lui racontons les merveilles
Dont jadis elle nous parlait ;
Elle écoute des deux oreilles,
En égrenant son chapelet.
Nous contons l'histoire éternelle
Du diable ou de la fée Urgèle.

Allons, Gudule, endormez-vous :
La cloche va tinter huit coups.

Gudule, autrefois économe,
Devint avare à soixante ans ;
Chaque année arrondit la somme
Qu'elle amasse pour ses enfants.
Or, elle n'a garçon ni fille :
Nous sommes toute sa famille.

Allons, Gudule, endormez-vous ·
La cloche a tinté ses huit coups.

IL FAUT AIMER.

Il faut aimer, ma belle amie ;
Quel autre vœu peut-on former ?
Éveille ton âme endormie ;
Ouvre ton cœur que veut fermer
Une indifférence ennemie ;
  Il faut aimer.

Quel nom plus doux dans la nature ?
Amour.... Tout le dit après nous ;
C'est le frisson de la verdure,
Le chant des rossignols jaloux.
Chaque ruisseau pleure ou murmure :
  Quel nom plus doux ?

Que ferais-tu de cette vie
Où tu n'aurais pas combattu,
De ton ardeur non assouvie ?...
L'amour épure la vertu.
Et ces biens qui font mon envie,
  Qu'en ferais-tu ?

Près de l'amour, tout va sourire ;
Les plaisirs naissent à l'entour ;
C'est un bonheur qu'on ne peut dire,
C'est l'espoir d'un autre séjour.
Tout s'émeut, s'élève et respire,
  Près de l'amour.

Loin de l'amour, la foi s'envole,
C'est un voyage sans retour
Dans un navire sans boussole.
Les fleurs languissent loin du jour;
Le cœur se fane et s'étiole
    Loin de l'amour.

Il faut aimer en ta jeunesse;
Quel nom plus doux peut-on nommer?
Que ferais-tu de mon ivresse?
Près de l'amour, tout sait charmer;
Loin de l'amour, tout est tristesse :
    Il faut aimer.

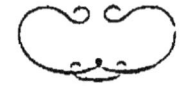

MA PHILOSOPHIE.

Socrate à mes yeux est un sage ;
J'honore Aristote et Platon ;
Épicure plaît davantage ;
J'admire et Voltaire et Newton.
Après eux, je prends la parole....
Qui ? moi, vous donner des leçons ? —
Oui. Puisqu'on fait tout en chansons,
En chantant je fonde une école.

    Mes amis, voilà
    Ma philosophie ;
    Heureux qui se fie
    A ces chansons-là !

Le premier pas dans la sagesse,
C'est l'amour d'un Dieu révélé ;
C'est le mépris de la richesse ;
On peut l'avoir, puisque je l'ai.
On trouve, aussi bien qu'en un livre,
Ce dogme écrit au fond du cœur,
Ce conseil, donné par l'honneur,
De bien penser et de bien vivre.

    Mes amis, voilà
    Ma philosophie ;
    Heureux qui se fie
    A ces chansons-là !

Eh quoi! philosophe ascétique,
Quel oubli fais-tu de tes sens? —
Ah! voici le moment critique :
Le corps a des besoins puissants.
Notre âme, qui prie et qui pense,
Nous laisse encor quelques loisirs;
Sans débauche il est des plaisirs,
Et des libertés sans licence.

  Mes amis, voilà
  Ma philosophie;
  Heureux qui se fie
  A ces chansons-là!

Soyons toujours ce que nous sommes,
Frères par notre infirmité;
On peut, en méprisant les hommes,
Aimer encor l'humanité.
Semez, semez, sans espérance,
Les bienfaits qui font des ingrats;
La vertu ne me touche pas
Quand elle attend sa récompense.

  Mes amis, voilà
  Ma philosophie;
  Heureux qui se fie
  A ces chansons-là!

Surtout, n'augmentez pas le nombre
De nos politiques étroits;
Vivez en paix, restez à l'ombre;
Les devoirs sont avant les droits.

Bravez l'opinion fragile,
Et marchez d'un pas affermi ;
Quand vous n'auriez qu'un seul ami,
C'en est assez pour être utile.

 Mes amis, voilà
 Ma philosophie ;
 Heureux qui se fie
 A ces chansons-là !

J'en étais là de ma doctrine,
Lorsqu'une voix me dit tout bas :
« Est-ce là ta muse badine ?
Chante, et ne nous sermonne pas ! »
Soit ! J'abandonne mon système ;
Qu'un autre vous l'explique mieux,
Et, s'il n'est pas trop ennuyeux,
Je le prends pour maître, et je l'aime.

 Mes amis, voilà
 Ma philosophie ;
 Heureux qui se fie
 A ces chansons-là !

LES DEUX NOTAIRES.

Hé! bonjour, maître Robin.
— Collègue, ouvrez-moi la porte;
C'est un contrat que j'apporte
A parapher, ce matin.
La cliente est fort gentille;
Vous savez que c'est la fille
De monsieur André Bontemps;
Elle a bientôt dix-huit ans.
   Ah! maître Lebègue,
   Mon très-cher collègue,
Vous souvenez-vous du temps
Où nous avions dix-huit ans?
Nous étions de gais compères,
   Et nous n'étions pas,
     Hélas!
   Et nous n'étions pas
     Notaires!

Que nous étions beaux à voir
Au sein de la capitale!
Comme feu Sardanapale,
Nous festinions chaque soir.
On disait : Voilà des princes
Qui sortent de leurs provinces....
— Nous disons que le futur
Se nomme monsieur Arthur....

— Ah! maître Lebègue,
Mon très-cher collègue,
Paris est un bel endroit;
Nous y faisions notre droit;
Nous étions célibataires;
  Et nous n'étions pas,
    Hélas!
  Et nous n'étions pas
    Notaires!

Avons-nous joué des tours
A la portière majeure,
Qui nous gourmandait, à l'heure
Où l'on ne vient pas du cours!
Un soir, que nous étions quatre,
Nous avons failli la battre....
— Nous disons que les parents
Compteront cent mille francs....
  — Ah! maître Lebègue,
  Mon très-cher collègue,
Nous fumions et nous chantions;
Même parfois nous dansions
Des polkas un peu légères,
  Et nous n'étions pas,
    Hélas!
  Et nous n'étions pas
    Notaires!

— Te rappelles-tu Clara?
— Parbleu! c'était la grisette,
Avec son nez en trompette,
Ses yeux noirs et cætera.

Et puis, elle était si vive,
Si fidèle, si naïve!...
— Hum! le régime adopté
Sera la communauté....
 — Ah! maître Lebègue,
 Mon très-cher collègue,
Elle m'adorait.... — Tais-toi :
Elle était folle de moi.
— Nous étions déjà confrères ;
 Mais nous n'étions pas,
  Hélas!
 Mais nous n'étions pas
  Notaires!

— Chut! Robin, tâchons, mon vieux,
De nous regarder sans rire ;
Songe à ce qu'on pourrait dire
Si l'on nous connaissait mieux.
Tu sais bien que mon épouse
Est un tant soit peu jalouse.
Il faut bien se résigner....
Il ne reste qu'à signer.
 — Ah! maître Lebègue,
 Mon très-cher collègue,
Vous êtes un scélérat....
N'oublions pas mon contrat :
Nous nous en passions naguères,
 Quand nous n'étions pas,
  Hélas!
 Quand nous n'étions pas
  Notaires!

LA PETITE VILLE.

J'habite une petite ville
Où l'on tient des propos affreux ;
Nous sommes là deux ou trois mille
Citoyens des plus dangereux.
L'on médit, l'on glose, l'on tranche ;
Croiriez-vous qu'en plein jour on dit...
On dit qu'il fait beau le dimanche,
Quand il a plu le vendredi.

Pas de question qu'on n'aborde
Dans ce petit pays perdu ;
On oserait parler de corde
Dans la demeure d'un pendu.
On n'a plus de respect pour l'âge.:
L'autre jour, un enfant m'a dit...
M'a dit qu'à souffler le potage,
Le potage se refroidit.

Dans ce tripot qui se déguise
Sous le nom de Cercle des Arts,
Il faut voir comme on catéchise
Les rois, les sultans et les czars.
En s'abreuvant de limonade,
Le docteur Chavasson prétend...
Prétend qu'on est toujours malade,
Quand on n'est jamais bien portant.

Une célibataire infirme
Dit qu'un berger lui jette un sort ;
Une veuve agréable affirme
Que Louis dix-sept n'est pas mort.
En cousant une carmagnole,
Une couturière soutient...
Soutient que l'amant qui s'envole
Ne vaut pas le mari qu'on tient.

Le dimanche, on dîne en famille ;
Mais, quand arrive le café,
Une mère emmène sa fille,
Tant son cousin est échauffé.
Il faut chanter, dit le notaire ;
Mais un vieux marguillier répond...
Répond qu'à danseuse légère
Il faut allonger le jupon.

Enfin, chacun dit ce qu'il pense,
Et c'est imprudent en effet,
Car notre ville est en Provence ;
Vous jugez du bruit qu'il s'y fait.
Un de ces jours, ils vont se battre ;
Aussi, pour mon compte, je crois...
Je crois que deux et deux font quatre ;
De quatre ôtez un, reste trois.

LE CHEVALIER A BOIRE.

Il faut dire à plein gosier
L'histoire du chevalier
   A boire!
Qui fut fameux dans son temps,
   A boire!
Et vécut jusqu'à cent ans.
   A boire!

Ses fermes et ses troupeaux
Étaient des brocs et des pots
   A boire!
Et son antique château
   A boire!
Était le cul d'un tonneau.
   A boire!

Il conquit tous les coteaux
De Dijon jusqu'à Bordeaux;
   A boire!
Ses ennemis défoncés
   A boire!
Dans sa cave étaient placés.
   A boire!

Comme il était généreux,
Il eut des amis nombreux :
   A boire!

Il ne fit que des ingrats,
  A boire!
Mais le vin ne trahit pas.
  A boire!

Un jour, le bon chevalier
Manqua de se marier;
  A boire!
L'amour lui dura deux jours,
  A boire!
Mais la soif resta toujours.
  A boire!

Il périt par le poison :
Un ami de la maison
  A boire!
Versa de l'eau dans son vin;
  A boire!
Il creva le lendemain.
  A boire!

Au-dessus de son tombeau,
L'on plaça cet écriteau :
  A boire!
Bons voyageurs qui passez,
  A boire!
Sur cette pierre versez
  A boire!

LA FORÊT.

Un jour, j'errais solitaire
Dans ce bois plein de mystère
Qui nous fit des jours si doux ;
Je laissais à la dérive
Aller ma pensée oisive ;
Sans doute elle alla vers vous.

Car j'étais dans cette allée
    Isolée
Que vous connaissez si bien ;
Et l'on pense à ce qu'on aime,
    Alors même
Qu'on croit ne penser à rien.

Déjà la rapide automne
Avait flétri la couronne
Des tilleuls prompts à jaunir,
Et les feuilles détachées
Sous mes pas craquaient séchées,
Quand je vous sentis venir.

Je vis s'emplir de lumière
    La lisière
Des bosquets hospitaliers,
Et, sur les branches muettes,
    Les fauvettes
Dirent leurs chants printaniers.

De sa longue écharpe verte
La forêt s'était couverte :
Vous reveniez parmi nous.
Vous marchiez encor plus belle
C'était la saison nouvelle
Qui revenait avec vous.

Nous nous assîmes ensemble
　　Sous ce tremble
Qui se balance là-bas ;
Et, dans nos propos intimes,
　　Nous nous dîmes
Ce que l'on se dit tout bas.

Vous aviez repris, moins fière,
Votre indulgence première,
Votre sourire perdu ;
Vous excusiez mon audace,
Car rien ne marque la trace
D'un baiser pris et rendu.

Tout à coup, un corbeau passe
　　Dans l'espace,
Poussant un cri plein d'effroi....
L'illusion de mon rêve
　　Fut trop brève ;
Vous n'étiez pas près de moi.

Le ciel chargé de nuages
Étendait sur les bocages
Son manteau lourd de frimas ;
L'avenue était déserte ;
La forêt n'était pas verte ;
Les oiseaux ne chantaient pas.

LANLAIRE.

Avez-vous connu Lanlaire,
Dont nous pleurons le trépas?
De pareils, on n'en voit guère;
De pareils, on n'en voit pas.
    Lanlaire, lanla.
A peine était-il au monde,
Qu'au lieu de geindre et crier,
Il s'en allait à la ronde
Chanter dans tout le quartier :
    Va te faire
      Lanlaire !
A ce point qu'on l'appela
    Lanlaire,
      Lanla.
  Va te faire lanlaire,
  Va te faire lanla !

On le mit dans un collége
Pour apprendre le latin;
Il jouait, le sacrilége;
Il fumait, le libertin !
    Lanlaire, lanla.
Et, quand le maître sévère
Le condamnait au pain sec,
Sa nourriture ordinaire,

Il lui répondait en grec :
    Va te faire
      Lanlaire !
Il ne savait que cela :
      Lanlaire,
      Lanla !
  Va te faire lanlaire,
  Va te faire lanla !

On lui dit : Va-t'en ou reste ;
Sois soldat. — C'est trop frugal.
— Médecin.... — Je suis modeste.
— Commerçant.... — Je suis loyal.
    Lanlaire, lanla !
— Tu veux donc être notaire ?
— La charge est lourde à payer.
— Puisque tu ne sais rien faire,
Sois avocat ou boursier.
    — Va te faire
      Lanlaire !
Le diable a passé par là,
      Lanlaire,
      Lanla !
  Va te faire lanlaire,
  Va te faire lanla !

— Qu'êtes-vous en politique ?
— Moi ? Je n'ai jamais changé.
— Aimiez-vous la république ?
— J'aime toujours ce que j'ai.
    Lanlaire, lanla !

— Êtes-vous légitimiste?
— Je suis toujours de mon temps.
— Seriez-vous socialiste?
— Nous verrons dans cinquante ans.
  Va te faire
   Lanlaire!
Mon système, le voilà :
   Lanlaire,
   Lanla!
 Va te faire lanlaire,
 Va te faire lanla!

Il ne plaçait la sagesse
Que dans les plaisirs permis,
Changeant souvent de maîtresse,
Ne changeant jamais d'amis.
 Lanlaire, lanla!
On voulut lui faire prendre
Femme aimable et grosse dot.
Moi, dit-il, j'irais me vendre,
Et demain le premier sot
  Va me faire
   Lanlaire....
Comment nommez-vous cela?
   Lanlaire,
   Lanla!
 Va te faire lanlaire,
 Va te faire lanla!

Il ne fit rien en sa vie,
Pour ne pas faire le mal;

Il fut pauvre sans envie ;
Il vécut au sol natal.
    Lanlaire, lanla !
Il resta célibataire,
Et même il n'eut pas d'enfants ;
Si tu crois trouver sur terre
Beaucoup de ses descendants,
    Va te faire
      Lanlaire !
On n'en fait plus, de ceux-là !
    Lanlaire,
    Lanla !
 Va te faire lanlaire,
 Va te faire lanla !

CHEVAL ET CAVALIER.

J'ai mis le pied dans l'étrier ;
Que ton galop, mon fier coursier,
    Au loin m'emporte !
Ton pauvre maître devient fou ;
Il faut aller... je ne sais où....
    Qu'importe ?...

Comme elle me croyait bien pris
Dans le réseau de ses mépris,
    La fille blonde !
Fuyons la sirène aux yeux doux ;
Il faut placer entre elle et nous
    Le monde !

Tous les jours, nous partions ainsi,
Légers d'allure et de souci,
    Pour voir la belle.
Évite le sentier étroit
Que tu connais, et qui va droit
    Chez elle.

Qu'elle est fière de ses attraits,
De ces faux dieux que j'adorais,
    De son teint pâle !
Le ciel se mire en ses yeux bleus ;
Sa voix, comme un chant amoureux,
    S'exhale !

Mon âme a repris sa fierté,
Et je lui jette en liberté
   Mon anathème.
O mes lèvres, que vous mentiez !
Tous les jours vous lui répétiez :
   Je t'aime !

O la capricieuse enfant,
Qui n'aime pas, et qui défend
   D'aimer les autres !
Heureux les cœurs sans amitié,
Qui n'ont jamais pris en pitié
   Les nôtres !

Fuyons, fuyons ; voici l'instant
Où, tous les soirs, elle m'attend,
   Froide et touchante.
Et moi, je fuis loin de ces lieux,
Sans une larme dans les yeux :
   Je chante !...

Mais qu'ai-je vu ? Le vert gazon,
L'allée obscure, la maison....
   Ah ! plus de doute :
Maudits cheval et cavalier,
Qui ne sauraient pas oublier
   Leur route !

Fuyons, fuyons ; presse le pas....
Mais non ; ne l'aperçois-tu pas
   A sa fenêtre ?
Il faut lui dire adieu ; demain,
Nous nous remettrons en chemin..
   Peut-être ?...

PÊCHEUR SILENCIEUX.

Un pêcheur attentif, au bord d'une rivière,
Présentait aux poissons sa ligne meurtrière;
Plongé dans ce plaisir qui ressemble à l'ennui,
Il crut voir deux vaisseaux se dirigeant vers lui,
Voguant en sens inverse, et, pour tout équipage,
Deux hommes différant d'allure et de visage :
L'un était jeune encore, et l'autre déjà vieux.
Lorsque les deux esquifs devant lui se croisèrent,
Il entendit deux voix qui tour à tour chantèrent :
 « Salut, pêcheur silencieux. » —

 « Salut, pêcheur silencieux.
Sans doute, en ton humble chaumière,
Tu passeras ta vie entière,
Pauvre, ignorant, insoucieux.
Dans la campagne paternelle,
Tu restes, esclave fidèle,
Sans plaisir et sans dignité.
Ton âme végète et s'altère
Dans cette médiocrité
Qui, pour moi, serait la misère.
Salut, pêcheur silencieux. »

 — « Salut, pêcheur silencieux.
Sans doute, ta modeste vie
Coule sans haine et sans envie
Loin des soucis ambitieux.

Heureux aux bords qui t'ont vu naître,
Tu te contentes du bien-être
Qui sied à ta simplicité.
Puisses-tu la garder sans cesse,
La douce médiocrité
Qui serait pour moi la richesse !
Salut, pêcheur silencieux. »

— « Salut, pêcheur silencieux.
Je suis jeune, j'ai l'âme ardente ;
L'inconnu, le danger me tente ;
J'ai fui le toit de mes aïeux ;
J'ai mis sur mon cap : « Espérance ! »
Et je vais, par la mer immense,
Devers le continent doré.
Adieu, ma famille chérie ;
Ne pleurez pas ; je reviendrai
Riche et puissant dans ma patrie.
Salut, pêcheur silencieux. »

— « Salut, pêcheur silencieux.
Jeune, pour tenter la fortune,
J'ai quitté la ligne commune.
Je reviens ; je suis pauvre et vieux.
Je ne retrouve plus ma route ;
En vain je regarde, j'écoute,
Tous les traits et toutes les voix :
Où donc ma famille chérie ?
Où donc mes amis d'autrefois ?
Je ne connais plus de patrie !
Salut, pêcheur silencieux. » —

Le pêcheur attentif les écoutait encore ;
Il n'entendit que l'onde et que le vent sonore.
Il replia sa ligne, et put, avant le soir,
Rejoindre sa famille au rustique manoir.
Des amis l'attendaient et la nappe était mise ;
On dîna longuement de la pêche promise.
Le modeste repas épanouit les cœurs ;
Le pêcheur raconta son rêve ou son histoire,
Et quatre vieux flacons les aidèrent à boire
    A la santé des voyageurs.

L'AVEU.

Il faut donc que l'on te dise
Ses pensers de chaque jour?
Ne crains-tu pas ma franchise,
Toi, qui craignais mon amour?
Vous l'avez voulu, ma mie,
Et je remplis votre vœu;
Ma prudence est endormie;
Je vais vous faire un aveu :

Il est au monde une femme,
Et c'est une autre que toi,
Qui fait naître dans mon âme
Un puissant et doux émoi.
La faute en est à l'absence;
Pourquoi m'avoir délaissé?
Il fallait la souvenance
Après le bonheur passé.

Elle prend ici la place
Que tu tenais autrefois;
Elle m'apporte ta grâce;
Tu me parles par sa voix.
Sans toi, la vie était rude;
Elle sait rendre aujourd'hui
Le monde à ma solitude,
Et le charme à mon ennui.

Quand je la vois apparaître
A l'horizon du chemin,
Un frisson prend tout mon être ;
Ma fortune est dans sa main.
J'y voudrais lire d'avance
Tout ce qu'elle tient d'espoir ;
Adieu, chagrin de l'absence !
Salut, plaisir du revoir !

Regarde là-bas : c'est elle.
Qu'elle marche à petits pas !
La voici : Dis-moi, ma belle,
Ne la reconnais-tu pas ?
Celle qui frappe à ma porte
Et dont je suis tant épris....
C'est la duègne qui m'apporte
Les billets que tu m'écris.

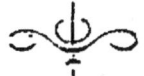

DES BÊTISES.

Chante-nous quelque bêtise.
— Soit : c'est comme il vous plaira.
Voulez-vous que je vous dise
Une scène d'opéra,
Des chansons, des gaillardises,
Ou des couplets langoureux ?
Il faut dire des bêtises,
Pour passer une heure ou deux.

Voulez-vous des épigrammes,
Des cancans qu'on dit tout bas ?
Non, rassurez-vous, mesdames,
On ne s'y risquera pas.
Quand on mange des cerises
Les noyaux sont dangereux....
Il faut dire des bêtises,
Pour passer une heure ou deux.

D'ailleurs, les maris eux-mêmes
Ont été trop chansonnés ;
Ils ont pour eux les baptêmes,
Les visites, les dînés ;
Puis, quand leurs femmes sont grises,
Ils ont des moments heureux....
Il faut dire des bêtises,
Pour passer une heure ou deux.

Le sexe est d'une faiblesse
Difficile à concevoir,
Car notre amoureuse espèce
N'est pas toujours belle à voir.
Les fabricants de chemises
Doivent être courageux....
Il faut dire des bêtises,
Pour passer une heure ou deux.

L'Amour est un dieu folâtre
Qui cause bien de l'ennui,
Car le roman, le théâtre,
Ne s'occupent que de lui.
Nous avons tous des marquises
Dont nous sommes amoureux....
Il faut dire des bêtises,
Pour passer une heure ou deux.

Les murs se couvrent d'affiches;
En voici pour tous les goûts :
Des dentistes, des caniches,
Des casinos à cent sous.
Les nymphes n'y sont admises
Qu'en costumes rigoureux....
Il faut dire des bêtises,
Pour passer une heure ou deux.

D'une certaine Andalouse
Quatre amants cherchaient la main;
C'est le plus vieux qui l'épouse;
Ils sont dix, le lendemain.

Lorsque les places sont prises,
Les assiégeants sont nombreux....
Il faut dire des bêtises,
Pour passer une heure ou deux.

Parler est la grande affaire;
Langue vaut mieux que raison;
C'est par là que ma portière
Conduit toute la maison.
Les avocats aux assises
Ont les poumons vigoureux....
Il faut dire des bêtises,
Pour passer une heure ou deux.

Une famille est malade;
Hippocrate a réfléchi :
« Monsieur, cloîtrez-vous à Bade;
Madame, allez à Vichy.
Nous traitons toutes ces crises
Par la distance et les jeux.... »
Il faut dire des bêtises,
Pour passer une heure ou deux.

J'en ai dit assez, je pense,
Et vous le pensez aussi.
Toi, qui chantes la romance,
Viens me remplacer ici.
On demande que tu dises
Tout ce que tu sais de mieux....
Il faut dire des bêtises,
Pour passer une heure ou deux.

LE FOU GUILLEAU.

Un soir, on frappe à la cabane
Que Jacque, avec sa femme Jeanne,
Habite seul au fond des bois :
« Entrez ! » répondent les deux voix.

Sur la porte, un vieillard se penche ;
Il a longue moustache blanche ;
Ses habits tombent en lambeaux ;
Il tient à la main ses sabots.

Il dit : « C'est ici la chaumière
Qu'habitait, du temps de la guerre,
Jean Guilleau ; qu'est-il devenu ?
— Nous ne l'avons jamais connu.

— Mais sa femme.... Elle était si bonne !
On l'appelait la Bourguignonne ;
Vous vous la rappelez ? — Mais non ;
Nous ne connaissons pas ce nom.

— Deux enfants formaient leur famille :
Jeanne-Marie était leur fille ;
Serait-elle partie aussi ?
— On ne l'a jamais vue ici.

— Mais vous avez entendu dire
Qu'autrefois, du temps de l'empire,
Le garçon Guilleau s'enrôla ?
— On ne nous a pas dit cela.

— Eh bien, Guilleau, c'était mon père ;
La Bourguignonne était ma mère ;
Jeanne-Marie était ma sœur,
Et j'ai servi sous l'empereur.

J'ai bien souffert pour ma patrie ;
J'arrive de la Sibérie,
Et je retrouve ma maison
Après quarante ans de prison.

Mais ma maison n'est plus la même ;
Elle a perdu tout ce que j'aime.
Mon Dieu, que vais-je devenir ?
Mieux valait ne pas revenir.

— Allez-vous-en jusqu'à la ville ;
Là, vous trouverez un asile.
Il ne sied pas aux indigents
De venir déranger les gens.

Là, vous vous ferez reconnaître ;
On saura qui vous pouvez être,
Et, quand vous serez reconnu,
L'hôpital est fort bien tenu. » —

Le lendemain, près de l'église,
Un mendiant à tête grise
Tendait la main au voyageur,
En lui parlant de l'empereur.

Il contait toujours des histoires
De batailles et de victoires,
Et tous les enfants du hameau
L'ont appelé le fou Guilleau.

LA NACELLE.

Que ta main nous guide,
Nocher trop prudent.
Ramons en fendant
Ce courant rapide :
Nous voulons revoir
La rive lointaine
Où fut notre peine,
Où fut notre espoir.

Vogue, ma nacelle !
Remontons le cours
De nos ans, ma belle,
Et de nos amours.

Les fleurs que tu sèmes,
Nous les enfermions
Quand nous nous aimions,
L'ignorant nous-mêmes.
Ah ! qu'ils étaient doux,
Les jours d'innocence,
Les jours de l'enfance,
Qui sont loin de nous !

Vogue, ma nacelle !
Remontons le cours
De nos ans, ma belle,
Et de nos amours.

Puis, nous épelâmes
Le doux nom d'amour,
Qui devait un jour
Mêler nos deux âmes.
Rien que pour te voir
Je trompais mon père ;
Tu trompais ta mère
Pour me recevoir.

Vogue, ma nacelle !
Remontons le cours
De nos ans, ma belle,
Et de nos amours.

Combien de prudence !
Que de soins gardés !
Nous étions guidés
Par notre ignorance.
A quoi m'ont servi
Mes vingt ans fidèles ?
L'Amour a des ailes,
Et tu l'as suivi.

Vogue, ma nacelle !
Remontons le cours
De nos ans, ma belle,
Et de nos amours.

Ton bras se fatigue,
Imprudent nocher ;
Tu ne peux toucher
L'écumeuse digue.

Livre aux flots confus
Ta rame lassée ;
La rive passée
Ne s'aborde plus.

Vogue, ma nacelle !
Descendons le cours
De nos ans, ma belle,
Et de nos amours.

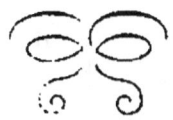

PÈRE CAPUCIN.

Vous qui confessez ma femme,
    Comme un petit saint,
Que pensez-vous de son âme,
    Père capucin?
Pour pouvoir mieux parler d'elle,
Mettons-nous sous la tonnelle.

    — Soit, mon gros Lucas,
Mais je ne parlerai pas.

— Approchez-vous de la table,
    Et puis commencez :
Voyons, ma femme.... Que diable,
    Vous la connaissez!
Parlez; je suis tout oreilles...
Débouchons ces deux bouteilles.

    — Soit, mon gros Lucas;
Mais je ne parlerai pas.

— Bien qu'elle se dise blanche
    Comme le coton,
Elle n'avait pas, dimanche,
    L'absolution.
Le cas était donc bien grave?...
Si nous goûtions de ce Grave?

    — Soit, mon gros Lucas;
Mais je ne parlerai pas.

— La colère et la paresse
   Ne sont pas son fait.
Elle est toujours à la messe :
   Qu'a-t-elle donc fait?
Allons, pas tant de vergogne....
Vous préférez le Bourgogne?

— Oui, mon gros Lucas;
Mais je ne parlerai pas.

— Après tout, que nous importe?
   Que nous sommes fous!
Regardez : je ne m'en porte
   Pas plus mal, ni vous.
Allons, je bats la campagne....
Qu'on apporte du Champagne!

— Soit, mon gros Lucas;
Mais je ne parlerai pas.

Pourtant, tu le veux; écoute,
   Mon pauvre Lucas :
Ta femme.... — Non. Je m'en doute;
   Ne le dites pas.
Mettons que c'est la colère;
A ta santé, mon compère.

— Soit, mon gros Lucas,
Buvons, et ne parlons pas.

LA PLUIE.

Il pleut, il pleut, et je m'ennuie ;
Pourquoi cela ? Je n'en sais rien.
On a trop médit de la pluie ;
Acceptons le temps comme il vient.
J'entends un paysan me dire
Qu'il pleut des écus de cent sous.
Il est heureux ; laissons-le rire.
   Il pleut ; restons chez nous.

Il pleut, il pleut ; c'est un orage ;
Tant mieux, il finira plus tôt.
La pluie est ce vieux personnage
Qui souffle le froid et le chaud.
Quand la glace durcit la terre,
Elle nous fait l'hiver plus doux ;
Par elle l'été se tempère ;
   Il pleut ; restons chez nous.

Il pleut, il pleut ; la jeune fille
Finit sa robe des beaux jours ;
Elle fait courir son aiguille ;
Le soleil reviendra toujours.
Dans la boue un barbet se vautre ;
Moi, j'ai manqué deux rendez-vous :
Tant pis pour l'un, tant mieux pour l'autre....
   Il pleut ; restons chez nous.

Il pleut, il pleut ; chacun se livre
A sa passion du moment :
Le marchand relit son grand livre ;
L'oisif lit un nouveau roman.
L'amant fait des vers à sa belle ;
L'étudiant, sur ses genoux,
Écrit à sa tante éternelle.
   Il pleut ; restons chez nous.

Il pleut, il pleut ; ah ! quand pourrai-je,
Quand pourrai-je, gai voyageur,
Revoir les monts couverts de neige
Et les bois remplis de fraîcheur ?
Cette fois, c'est vers l'Allemagne,
Vers ce Rhin dont ils sont jaloux,
Que j'ai fait mon plan de campagne....
   Il pleut ; restons chez nous.

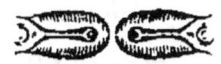

LES PLAINTES DE GLYCÈRE.

Glycère était auprès d'Horace,
Auprès d'Horace qui rêvait ;
En vain elle épiait la trace
Du songe qui le poursuivait.

Longtemps, aux genoux du poëte,
Les yeux levés elle resta ;
Puis, timide et baissant la tête,
Elle prit sa lyre et chanta :

« Horace, tu m'avais choisie
Pour mettre mon nom dans tes vers,
Et ta divine poésie
M'a fait connaître à l'univers.

Mais j'ai de ton âme inquiète
Sondé les replis ténébreux :
L'amour ne t'a pas fait poëte ;
La muse t'a fait amoureux.

C'est elle seule qui t'inspire
Les vers écrits en mon honneur ;
Quand mon nom frémit sur ta lyre,
Le sien palpite dans ton cœur.

Tu blâmes mon indifférence,
Et tes yeux s'éloignent de moi ;
Tu chantes les maux de l'absence,
Quand je suis seule auprès de toi.

Et si je te disais : « Horace,
» Jette les vers que tu m'as faits,
» Et prends mon amour en leur place, »
Horace, tu refuserais.

Poëte, tu places la gloire
Au-dessus de tes amitiés,
Et tu n'as pas gardé mémoire
Que je meurs d'amour à tes pieds. »

Pendant la triste mélodie,
Horace était resté distrait :
Il faisait des vers à Lydie,
Tandis que Glycère pleurait.

LE VIEUX TÉLÉGRAPHE.

Que fais-tu, mon vieux télégraphe,
Au sommet de ton vieux clocher,
Sérieux comme une épitaphe,
Immobile comme un rocher?
Hélas! comme d'autres peut-être,
Devenu sage après la mort,
Tu réfléchis, pour les connaître,
Aux nouveaux caprices du sort.

C'est que la vie est déplacée;
Les savants te l'avaient promis,
Et toute royauté passée
N'a plus de flatteurs ni d'amis.
Autrefois, tu faisais merveille,
Et nous demeurions tout surpris
De voir, en un seul jour, Marseille
Envoyer deux mots à Paris.

Tu fus l'énigme de notre âge;
Nous voulions, enfants curieux,
Deviner ce muet langage
Qui semblait le parler des dieux,
Lorsque tes bras cabalistiques
Lançaient à l'horizon blafard
Les mensonges diplomatiques
Interrompus par le brouillard.

Maintenant, en une seconde,
Le Nord cause avec le Midi ;
La foudre traverse le monde
Sur un brin de fer arrondi.
L'esprit humain n'a point de halte,
Et tu restes debout et seul,
Ainsi qu'un chevalier de Malte
Pétrifié dans son linceul.

Tu te souviens des diligences
Qui roulaient jadis devant nous,
Portant écoliers en vacances,
Gais voyageurs, nouveaux époux.
Tu ne vois plus, au clair de lune,
Aux rayons du soleil levant,
Passer tes sœurs en infortune,
Qui jetaient leur poussière au vent.

Ainsi s'éteignent toutes choses
Qui florissaient au temps jadis ;
Les effets emportent les causes :
Les abeilles sucent les lis.
Ainsi chaque règne décline,
Et les romans de l'an dernier,
Et les jupons de crinoline,
Et les astres de Leverrier.

Moi, je suis un pauvre trouvère
Ami de la douce liqueur ;
Des chants joyeux sont dans mon verre ;
J'ai des chants d'amour dans le cœur.

Mais à notre époque inquiète
Qu'importent l'amour et le vin?
Vieux télégraphe, vieux poëte,
Vous vous agiteriez en vain.

Puisque le destin nous rassemble,
Puisque chaque mode a son tour,
Achevons de mourir ensemble
Au sommet de ta vieille tour.
Là, comme deux vieux astronomes,
Nous regarderons fièrement
Passer les choses et les hommes,
Du haut de notre monument.

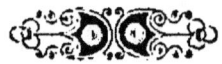

MA SOEUR.

L'amitié n'est pas aussi tendre;
L'amour n'a pas tant de douceur;
O vous qui n'avez pas de sœur,
Vous ne pouvez pas me comprendre.

Pourquoi vous dirais-je son nom?
Des lettres vous la peindraient-elles?
Sans doute, il en est de plus belles;
En est-il de meilleures?... Non!

Elle est pour moi la souvenance,
Le parfum du pays natal;
Son sourire est un pur cristal
Où se réfléchit notre enfance.

De nos plaisirs, qu'elle confond,
Ma part est toujours la meilleure;
Le souci léger qui m'effleure
Est pour elle un chagrin profond.

L'amitié n'est pas aussi tendre,
L'amour n'a pas tant de douceur;
O vous qui n'avez pas de sœur,
Vous ne pouvez pas me comprendre.

On se découvre à son aspect;
Nul regard impur ne la blesse;
Honorée, avant la vieillesse,
Elle commande le respect.

Elle est mon soutien et mon juge;
Dans son cœur j'ai placé ma foi,
Dans sa conscience, ma loi,
Et dans sa bonté, mon refuge.

Celle dont j'aime à vous parler,
C'est ma sœur ou bien c'est la vôtre,
Car, que je chante l'une ou l'autre,
Elles doivent se ressembler.

L'amitié n'est pas aussi tendre;
L'amour n'a pas tant de douceur;
O vous qui n'avez pas de sœur,
Vous ne pouvez pas me comprendre.

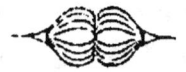

LES RUINES.

Quand le soleil se lève à l'horizon,
   On voit, là-haut, sur la colline,
Parmi le lierre et le gazon,
      La ruine.
Le matin, d'un rayon joyeux,
L'éclaire de la base au faîte;
Le voyageur lève les yeux,
      Et s'arrête.

Bravons la ronce et l'églantier;
Il faut gravir l'âpre sentier
Qui serpente autour de la butte;
On aime à fouler sous ses piés
Ces vieux murs, Titans foudroyés,
Orgueilleux encor dans leur chute.

L'œil s'arrête sur ces débris;
Mais vainement sont-ils meurtris
Par d'impitoyables fougères;
L'esprit reconstruit le passé;
Le vieux château s'est redressé
Sur ses souvenirs légendaires.

Les chevaux piaffent dans la cour;
Le cor sonne; la meute accourt;
Le pont s'abaisse; allons, en chasse!

Piqueurs, découplez les limiers
Voici venir les chevaliers
Et la châtelaine qui passe.

Ah! pourquoi le cœur ne peut-il
Renouer de même le fil
Des illusions passagères?
Ce ne sont pas les châteaux seuls
Qui portent les sombres linceuls
Tissus de mousse et de fougères!

Mais n'entends-je pas une voix
Qui m'apporte, au travers des bois,
Une note plaintive et douce?
Un éclair se fait dans la nuit;
Tout le passé se reconstruit;
Arrachons le lierre et la mousse!

Là-bas sont les pays plus doux;
L'heure a sonné le rendez-vous;
Nous sommes deux et le jour baisse.
Dieu nous mesure les instants :
O la jeunesse du printemps!
O le printemps de la jeunesse!

Quand le soleil se couche à l'horizon,
  On voit, là-haut, sur la colline,
Parmi le lierre et le gazon,
    La ruine.
Le soir pâle et mystérieux
De fantômes peuple l'espace,
Et le voyageur sérieux
    Rêve et passe.

LA MÈRE GODICHON.

Qu'on fasse sauter le bouchon,
   Qu'on emplisse mon verre !
   Il faut chanter la mère,
   La mère Godichon.

   Je ne l'ai pas connue
Alors qu'elle avait dix-huit ans.
   Voilà bien longtemps.
   Elle était ingénue,
A ce qu'elle disait, du moins,
   L'étant un peu moins.
On n'a jamais connu son père,
Et c'est facile à concevoir ;
Sa mère devait le savoir,
Mais on ne savait pas sa mère.

Qu'on fasse sauter le bouchon,
   Qu'on emplisse mon verre !
   Il faut chanter la mère,
   La mère Godichon.

   On prétend en Provence
Qu'elle naquit aux pays froids,
   La Flandre ou l'Artois ;
   Mais, dans le Nord, on pense
Qu'elle était des climats plus chauds,
   D'Arles à Bordeaux.

Ses yeux accusaient la Gascogne,
Ses cheveux, le pays lorrain,
Son embonpoint, les bords du Rhin,
Et son teint fleuri, la Bourgogne.

Qu'on fasse sauter le bouchon,
   Qu'on emplisse mon verre !
   Il faut chanter la mère,
   La mère Godichon.

   Pour rester ferme et libre
Dans sa vie et dans ses amours,
   Elle tint toujours
   Son cœur en équilibre :
Au lieu d'avoir un amoureux,
   Elle en avait deux.
Le mariage est une épreuve
Dont toujours elle se moqua ;
Elle resta fille jusqu'à...
Jusqu'à ce qu'elle devint veuve.

Qu'on fasse sauter le bouchon,
   Qu'on emplisse mon verre !
   Il faut chanter la mère,
   La mère Godichon.

   Il fallait voir la belle
Dégustant un joyeux repas
   Qu'on ne payait pas ;
   A peine trouvait-elle
Le temps de placer quatre mots,
   Même des plus gros.

Et l'on n'aurait jamais pu dire,
Quand ses deux lèvres s'entr'ouvraient,
Si sa bouche et ses dents voulaient
Chanter ou baiser, boire ou rire.

 Qu'on fasse sauter le bouchon,
  Qu'on emplisse mon verre !
  Il faut chanter la mère,
  La mère Godichon.

  Elle passa sa vie
A s'affoler de tous les fous ;
  Nous le sommes tous ;
  Elle eût été ravie
D'atteler ensemble à son char
  Le Turc et le Czar.
Elle veut prendre un jour la peine
De conquérir le genre humain ;
Mais elle se perd en chemin,
Car un gendarme la ramène.

 Qu'on fasse sauter le bouchon,
  Qu'on emplisse mon verre !
  Il faut chanter la mère,
  La mère Godichon.

  Que devint-elle ensuite ?
Les auteurs le plus en crédit
  Ne l'ont jamais dit.
  J'ai mis à sa poursuite
Les savants de nos instituts,
  Et tous se sont tus.

Mais une matrone allemande,
Que je consultais sur ce point,
M'a dit : « Ne cherchez pas plus loin ;
Voici la fin de la légende :

Qu'on fasse sauter le bouchon,
　Qu'on emplisse mon verre !
　Il faut chanter la mère,
　La mère Godichon. »

MONSIEUR DE LA CHANCE.

L'autre soir, monsieur De la Chance,
Un joueur qui gagnait toujours,
S'endormit ayant fait d'avance
Sa prière de tous les jours :

« Mon Dieu, vers moi daignez descendre ;
J'ai bien des titres au porteur :
Faut-il les garder ou les vendre ?
Conseillez-moi, mon bon Seigneur. » —

« Me voici ! » dit une voix forte,
Et le dormeur se soulevant
Vit se dresser devant sa porte
Un mort qui paraissait vivant.

« Qui va là ? — Palsembleu, mon maître,
Dit le spectre d'un ton strident,
Tu ne veux pas me reconnaître ?
Nous sommes frères cependant.

— Mais ton nom ? — Voilà bien les hommes !
N'as-tu pas, d'après mes rapports,
Encaissé d'assez fortes sommes
Sur les primes et les reports ?

J'étais ton ami véritable ;
C'est moi qui dirigeais ton jeu.
Il faut bien que je sois le diable....
Car je ne suis pas le bon Dieu.

— Qui, toi ? Satan, arrière, arrière
Je suis loyal et bon chrétien ;
Je fais tous les soirs ma prière ;
J'ai tout payé ; je ne dois rien.

— Ha, ha ! nous passons la mesure :
J'ai des amis, bel innocent,
Qui font ce qu'on nomme l'usure
Pour gagner dix écus sur cent.

Ici, la chose est différente :
Ton argent, que je gouvernais,
T'en rapportait de vingt à trente :
Tu vois bien que tu me connais ! » —

Alors, le pauvre De la Chance
Se signait et tendait les bras :
« Si j'ai péché, c'est ignorance ;
Mon Dieu, ne m'abandonnez pas !

Pour toi, je ne veux plus t'entendre ;
Va-t'en, démon !... Un mot pourtant :
Faut-il garder ou faut-il vendre ?
— A la bonne heure ! » dit Satan.

LA FILLE DE L'AMOUR.

On n'a jamais bien su comment
Vous êtes venue en ce monde ;
Mais on sait, du premier moment,
Que vous êtes vermeille et blonde,
Que votre taille est faite au tour,
Que vos grands yeux s'ouvrent pour plaire
Vous êtes fille de l'Amour ;
Méfiez-vous de votre père.

Moins de saveur ont les fruits doux,
Moins d'incarnat les fleurs écloses ;
On n'a rien ménagé pour vous ;
Vos parents ont bien fait les choses.
Le printemps doit, à son retour,
Saluer votre anniversaire ;
Vous êtes fille de l'Amour ;
Méfiez-vous de votre père.

Votre père est un vieux chasseur
Qui respecte peu les novices ;
Ses yeux affectent la douceur ;
Sa bouche est pleine d'artifices.
Si vous l'hébergez un seul jour,
Il devient votre hôte ordinaire.
Vous êtes fille de l'Amour ;
Méfiez-vous de votre père.

Voici venir l'été vermeil ;
Le pré verdit ; le bois est sombre :
Craignez les ardeurs du soleil,
Et fuyez les dangers de l'ombre.
Tout chante au terrestre séjour ;
Ne maudissez pas votre mère....
Vous êtes fille de l'Amour ;
Méfiez-vous de votre père.

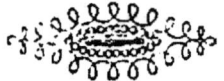

LETTRE

D'UN ÉTUDIANT A UNE ÉTUDIANTE.

Je t'ai promis, petite folle,
De t'écrire au moins une fois
Avant ma rentrée à l'école ;
J'obéis toujours, tu le vois.

Que te dirai-je ? Que je t'aime...
Méchante, vous le savez bien.
Puis, tu me répondrais de même,
Et cela ne prouverait rien.

Parlons plutôt de mon voyage :
Je m'amuse comme un enfant ;
Je suis chez mon oncle-héritage
De qui tu rêves si souvent.

Toi qui n'as jamais, que je pense,
Dépassé Saint-Cloud ou Pantin,
Tu te figures que la France
N'existe qu'au pays Latin.

Détrompe-toi, ma bonne amie,
La province a des habitants
Qui vivent avec bonhomie,
Et qui sont toujours bien portants.

Ils ont un soleil magnifique,
Un air pur, un vaste horizon ;
Depuis que le printemps abdique,
L'automne est la douce saison.

Je vois d'ici des paysages
Comme on en peint dans les tableaux ;
Les prés, les bois et les villages
Posent exprès sur les coteaux.

Là-haut, la butte aride et sèche ;
J'y chasse, sans savoir pourquoi ;
Là-bas, la rivière où je pêche,
Ce qui me fait penser à toi..

Puis, c'est une saveur champêtre
Qui semble sortir du terroir ;
Des paysans, sans me connaître,
En passant, me disent bonsoir.

Tu ne te doutes pas des choses
Que l'on peut apprendre en courant :
Sais-tu ce qui produit les roses ? —
Des rosiers. — Cela te surprend ;

Car tu n'as jamais lu Malherbe,
Ni Buffon, ni monsieur Cousin.
On fait le foin avec de l'herbe
Et le vin avec du raisin.

Une autre chose que j'admire,
Ce sont les moulins ; c'est charmant ;
Cela tourne à mourir de rire ;
On n'a jamais bien su comment.

Il faut que je te dise encore
Que je suis vivement épris
D'une étrangère : c'est l'aurore
Qu'on n'a jamais vue à Paris.

Ce matin, près de la rivière,
Je marchais, un livre à la main ;
J'ai découvert une chaumière
Où ne conduit aucun chemin ;

Un toit de mousse et de verdure,
Étroit pour un, large pour deux,
Un nid construit par la nature
Pour abriter un couple heureux.

Et je me disais que la vie
Y pourrait être douce un jour,
Pour peu que ma philosophie
Se parfumât de ton amour.

Et voilà les rêves que j'aime,
En attendant les jours frileux,
Et ma chambrette du cinquième
Et le cours de Duranton deux.

Adieu, ma chatte, sois bien sage,
Tiens tout ce que tu m'as promis,
Et réponds à mon griffonnage,
En me parlant de nos amis.

Adieu, je t'embrasse à pincettes
Sur ton col blanc, sur ton œil noir,
Et surtout sur les deux fossettes
Qui m'ont pris mon cœur, un beau soir.

RÉPONSE

DE L'ÉTUDIANTE A L'ÉTUDIANT.

Mon bon ami, je prends la plume
Qui restait à mon vieux chapeau,
Et, pour écrire ce volume,
Je la taille avec ton couteau.

Tu me demandes des nouvelles
De nos amis.... Ne sais-tu pas
Que les oiseaux ont pris leurs ailes,
Et que je suis seule ici-bas ?

L'an dernier, le jour de ta fête,
Tu me menas à l'Odéon
Pour applaudir le drame honnête
De tes amis Paul et Léon ;

Et l'on joua la pauvre pièce
Devant trois polytechniciens,
Treize claqueurs, une négresse,
Et puis nous deux ; tu t'en souviens ?

Voilà, mon cher, l'image exacte
De notre Paris si changeant ;
Je demande le cinquième acte,
Ou qu'on me rende mon argent !

On ne reconnaît plus personne ;
Quelques familles d'Albion
S'en vont regarder la Sorbonne,
Ou visiter le Panthéon.

Berthe, en ce moment, se repose
Chez ses parents, dans un château;
C'est en Auvergne, je suppose :
Elle a deux oncles porteurs d'eau.

Clara, tu sais, celle qui boite,
Cherche en Espagne le Pérou;
Angèle est sur la rive droite,
Clarisse est on ne sait pas où.

Enfin, nos meilleures amies
De leur mieux savent s'arranger;
Elles font des économies
Sur la province et l'étranger.

Et moi, je reste et je travaille,
En comptant les nuits et les jours;
Je me fais un chapeau de paille....
Que dis-je? un chapeau de velours.

Ce matin, j'ai vu Marguerite;
Sur ton compte je m'alarmais;
Elle a fait une réussite;
Les cartes ne mentent jamais.

Venez, monsieur, que l'on vous gronde!
Je voyais clairement là-bas
Certaine demoiselle blonde
Qui me causait bien du tracas.

Le carreau perd, le trèfle gagne;
L'as de pique est bien négligent;
Cœur... c'est un homme de campagne
Qui doit m'envoyer de l'argent.

D'ici, moi, je ne puis connaître
Quel est ce campagnard charmant;
Cherche qui cela pourrait être,
Et dis-le-moi très-promptement.

On a beau rester sage et sobre,
On a sa table et son loyer;
Tu sais que le terme d'octobre
Est toujours le diable à payer.

J'ai d'autres choses à te dire;
Mais tu vas être bien contrit;
Je n'oserais jamais écrire
Tout ce qui me vient à l'esprit.

Aussi, mon ange, j'y renonce,
Pour ne pas flatter mon prochain.
Songe que j'attends ta réponse
Avant le huit du mois prochain.

Adieu, laisse là ta rivière,
Ton foin, ton oncle, et pense à moi;
Si tu possèdes la chaumière,
Le cœur est ici tout à toi.

Ma main a besoin de la tienne;
Je fais des rêves absorbants....
Si tu passes par Saint-Étienne,
Apporte-moi quelques rubans.

MA VOISINE.

Tous les matins, je vous vois,
Et j'entends de votre voix
La mélodie argentine ;
Au doux bruit de vos chansons
Vous éveillez vos pinsons.
    Bonjour, ma voisine.

Si vous demeurez si haut,
Sans doute c'est qu'il vous faut
De l'air pour votre poitrine ;
Et, sans fatiguer vos yeux,
Vous pouvez travailler mieux.
    Bonjour, ma voisine.

Vos doigts courent diligents
Sur la soie aux tons changeants,
Sur la blanche mousseline.
Vous n'en conserverez rien :
L'indienne vous va si bien !
    Bonjour, ma voisine.

Ils ne sont pas faits pour vous,
Les bahuts, ni les bijoux,
Ni les vases de la Chine.
Votre opulence est ailleurs :
Venez arroser vos fleurs.
    Bonjour, ma voisine.

Ne croyez pas le miroir
Qui dit que votre œil est noir,
Et que votre taille est fine;
Comment peut-il le savoir,
Si vous n'allez pas y voir?
 Bonjour, ma voisine.

Le jour commence à baisser :
Les plaisirs vont commencer,
Et la ville s'illumine.
Faites des rêves heureux;
Gardez-vous des amoureux.
 Bonsoir, ma voisine.

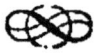

LE VALLON DE LA JEUNESSE.

Un voyageur poudreux et las
De la montagne atteint le faîte ;
Il fait encore quelques pas,
Puis s'assied, et tourne la tête.
Le coteau, si rude au départ,
Devant ses yeux fuit et s'abaisse.

Embrassons encor d'un regard
Le vallon de notre jeunesse.

Cent précipices ont en vain
Interrompu sa marche sûre ;
Où s'ouvrait un large ravin,
Il ne voit plus que la verdure.
Le torrent qui tombe au hasard
De son murmure le caresse.

Embrassons encor d'un regard
Le vallon de notre jeunesse.

Ah ! qu'ils sont doux au souvenir,
Les jours rapides du voyage !
C'est quand les feuilles vont jaunir
Qu'on sent la douceur de l'ombrage.
Les amours ont bien quelque part
Marqué leur passagère ivresse.

Embrassons encor d'un regard
Le vallon de notre jeunesse.

« Encore, encor quelques instants,
Dit-il, la fatigue m'accable.
— Non, marche, marche, dit le Temps,
Poursuis ta route infatigable. »
L'air est plus froid ; il se fait tard :
Voici le soir de la vieillesse.

Embrassons d'un dernier regard
Le vallon de notre jeunesse.

LA VIE MODERNE.

Vois-tu, là-bas, le tourbillon
Qui, dans sa course échevelée,
Trace ce flamboyant sillon
A travers mont, plaine et vallée?
Flamme et fumée, éclat et bruit,
S'éteindront sans laisser de trace :
Sais-tu quel est ce char qui fuit?
C'est ton existence qui passe!

Oui, le temps a doublé son cours;
L'humanité se précipite;
Tous les chemins deviennent courts,
L'Océan n'a plus de limite.
La vie était longue autrefois;
Sur la pente elle est entraînée;
Nous vivons plus dans un seul mois
Que nos aïeux dans une année.

La nature avait des poisons,
Le génie humain les révèle;
Il arrache aux vieux horizons
Une perspective nouvelle;
Il a d'invisibles moteurs,
Des agents subtils, des essences
Qui savent calmer nos douleurs
Ou décupler nos jouissances.

Les fleurs n'ont plus besoin d'été ;
Les fruits n'attendent plus l'automne ;
Ce que le sol n'a pas porté,
L'industrie active le donne.
Nous avons fait de nos loisirs
La mer et le ciel tributaires ;
Nos appétits et nos plaisirs
Épuisent les deux hémisphères.

Mais à peine respirons-nous
Dans cette course haletante ;
La vapeur nous emporte tous
Debout sur la machine ardente.
L'essieu se fatigue et se rompt,
Usé, vaincu par la distance ;
Ainsi bientôt se briseront
Les ressorts de notre existence.

L'aiguille avance ; soyons prêts !
Nous mourrons vieillis avant l'âge ;
Nos fils nous suivront de plus près
Dans le vertigineux voyage.
Ils auront la vie, à leur tour,
Plus rapide encore et meilleure ;
Ce que nous usons dans un jour,
Ils l'épuiseront dans une heure.

O le terrible enseignement !
Songes-y : l'instant est suprême.
Où trouveras-tu le moment
De te recueillir en toi-même ?

Beau voyageur, tu vas partir :
As-tu pris le soin de bien vivre,
Ou le temps de te repentir?
Le convoi passe : il faut le suivre !

Vois-tu, là-bas, le tourbillon
Qui, dans sa course échevelée,
Trace ce flamboyant sillon
A travers mont, plaine et vallée?
Flamme et fumée, éclat et bruit,
S'éteindront sans laisser de trace :
Sais-tu quel est ce char qui fuit?
C'est ton existence qui passe !

LE POT DE VIN.

Quatre amis faits pour se comprendre,
Quatre financiers hasardeux,
Se rencontrèrent, et l'un d'eux
Dit aux autres : « Qu'allons-nous prendre ?
— De la groseille, dit Godin.
— Une glace, dit Gourgandin.
— De l'eau, murmura Cafardin.
— Un pot de vin ! cria Ficelle.

Qu'on le vide jusqu'à la fin,
    Le pot de vin.
  C'est de l'or qu'il recèle ;
      Ruisselle,
Or potable du pot de vin ! »

Dans un large vase d'albâtre
Le doux nectar fut apporté :
« Messieurs, point de rivalité ;
Chacun sa part, nous sommes quatre.
— Aux chemins de fer ! dit Godin.
— Aux omnibus ! dit Gourgandin.
— Aux gaz ! soupira Cafardin.
— A nos clients ! cria Ficelle.

Qu'on le vide jusqu'à la fin,
    Le pot de vin.
  C'est de l'or qu'il recèle ;
      Ruisselle,
Or potable du pot de vin ! »

Pour faire bavarder les hommes,
Rien de tel que le vin doré.
Quand chacun en fut saturé :
« Il faut convenir que nous sommes
Des gens habiles, dit Godin.
— Intelligents, dit Gourgandin.
— Heureux, hasarda Cafardin.
— Des fripons, s'écria Ficelle.

Qu'on le vide jusqu'à la fin,
    Le pot de vin.
  C'est de l'or qu'il recèle ;
    Ruisselle,
Or potable du pot de vin ! »

Il ne restait plus que la lie :
« Allons, messieurs, il faut finir,
Buvons pour la soif à venir,
Et que la coupe soit remplie !
— Quand nous verrons-nous ? dit Godin.
— En quel endroit ? dit Gourgandin.
— Je n'en sais rien, dit Cafardin.
— Je le sais bien, cria Ficelle.

Qu'on le vide jusqu'à la fin,
    Le pot de vin.
  C'est de l'or qu'il recèle ;
    Ruisselle,
Or potable du pot de vin ! »

L'AIMABLE VOLEUR.

Pardon, monsieur le voyageur :
Vous manquez un peu de prudence
A passer seul, la nuit, sans peur,
Dans un bois où plus d'un voleur
Fixe, dit-on, sa résidence.
Si l'on vous attaquait ici,
Vous pourriez bien crier merci.
Sans être Mandrin ni Cartouche,
On vous tûrait comme une mouche.
Si vous pouviez prendre le temps
De m'accorder quelques instants,
Nous causerions là, sur la route.
D'ailleurs, j'ai là deux pistolets...
— Oui, je les vois, retirez-les...
Parlez, monsieur, je vous écoute.
— Ah ! vous me faites trop d'honneur ;
Merci, monsieur le voyageur.

Pardon, monsieur le voyageur :
Vous voyez quelle est ma toilette ;
Je néglige trop ma santé ;
Je sors, l'hiver comme l'été,
Avec une simple jaquette.
Si l'on m'offrait un habit neuf
Doublé de soie, en drap d'Elbeuf,
Un manteau garni de fourrures,
De bonnes et fortes chaussures,
Du linge fin, j'y tiens beaucoup,

Pour vivre au bois, on n'est pas loup,
Mon Dieu, je changerais de mise...
D'ailleurs, j'ai là deux pistolets...
— Oui, je les vois, retirez-les...
Voici la clef de ma valise.
— Ah! vous me faites trop d'honneur;
Merci, monsieur le voyageur.

Pardon, monsieur le voyageur :
Je ne tiens pas à la fortune;
J'ai là quelques propriétés :
La route où vous vous arrêtez,
Et des forêts au clair de lune.
J'ai lu dans plus d'un bon auteur
Que l'or ne fait pas le bonheur,
Et Bias trouvait qu'en voyage
On a toujours trop de bagage.
D'aucuns en sont embarrassés;
D'autres n'en ont jamais assez.
Quand j'ai soif, je vais à la source....
D'ailleurs, j'ai là deux pistolets...
— Oui, je les vois, retirez-les...
Voulez-vous accepter ma bourse?
— Ah! vous me faites trop d'honneur;
Merci, monsieur le voyageur.

Pardon, monsieur le voyageur :
Ici, nous n'avons pas de cloche;
On n'a jamais bien su pourquoi
Des philosophes tels que moi
N'ont pas de montre dans leur poche.
Des astres nous savons le cours;

Mais les jours sont plus ou moins courts,
Et, pour rentrer dans sa demeure,
On aimerait à savoir l'heure.
Si, par hasard, au coin d'un bois,
Il me tombait entre les doigts
Un chronomètre de rencontre...
D'ailleurs, j'ai là deux pistolets...
— Oui, je les vois, retirez-les...
Pourrais-je vous offrir ma montre?
— Ah! vous me faites trop d'honneur;
Merci, monsieur le voyageur.

Pardon, monsieur le voyageur :
Un mot encore, et je vous quitte.
Grâce à moi, d'un cas imprudent
Vous vous tirez sans accident;
Souffrez que je vous félicite.
Quoi qu'en disent les dégoûtés,
La vie a quelques bons côtés;
Je vous la laisse saine et sauve;
Monsieur, l'occasion est chauve.
Pressez-moi donc sur votre cœur
En m'appelant votre sauveur...
Si toutefois c'est votre envie...
D'ailleurs, j'ai là deux pistolets...
— Oui, je les vois, retirez-les...
C'est à vous que je dois la vie.
— Ah! vous me faites trop d'honneur;
Adieu, monsieur le voyageur.

LES HEUREUX VOYAGEURS.

    Agitez vos houppes de laine,
Secouez l'or de vos grelots poudreux,
    Chevaux de montagne et de plaine
Qui conduisez des couples amoureux !

    Nous sommes deux dans la nature,
Nous sommes deux qu'unit un doux penchant,
    Et nous courons à l'aventure
Après l'aurore et le soleil couchant.

    C'est le romanesque voyage,
Le grand projet longtemps élaboré ;
    Sur notre front pas un nuage,
Pas un souci dans le ciel azuré !

    Plus près, ma nouvelle épousée ;
Prends sur mon sein la place que je veux ;
    Que ton épaule soit posée
Sur ce coussin qui sied à tes cheveux.

    Ouvre les yeux, lève la tête ;
Prends mes baisers, prends, tu me les rendras.
    Que le passant naïf s'arrête
A regarder le collier de nos bras.

    Ne cache pas la violence
De ce désir que ton regard trahit ;
    Qu'il éclate avec insolence ;
Que les jaloux en pleurent de dépit !

Mais non ! que le vent leur envoie
Quelques parfums dérobés à nos fleurs,
   Avec une part de la joie
Dont le trop plein s'épanche de nos cœurs.

   Soyez heureux par notre faute,
Indifférents qui passez près de nous ;
   Que notre bonheur soit votre hôte ;
A son foyer vous vous chaufferez tous !

   Où portes-tu tes rêveries,
Vieux laboureur jaloux de tes voisins?
   Que l'eau visite tes prairies ;
Que le soleil fréquente tes raisins !

   Salut à la laitière blonde !
Comment, si tard, traversez-vous les bois?
   Que votre vache soit féconde,
Et que son lait sème l'or sous vos doigts !

   Salut au postillon rapide,
Au voiturier sur son siége endormi !
   Bonsoir, berger, sorcier candide,
Regarde-nous avec un œil ami.

   Bonsoir, les fillettes rieuses,
Les beaux garçons, regardez donc ici,
   Vous, inquiets, vous, curieuses...
Nous nous aimons ; vous aimerez aussi.

   Et vous, fleurs des champs, fleurs des villes,
Blés frémissant au souffle des vents doux,
   Arbustes aux tiges mobiles,
N'avez-vous pas vos amours comme nous?

O ma charmante, écoute, écoute;
Comme le ciel, ma raison est en feu....
 Que vois-je?... Au détour de la route,
Un mendiant.... Arrêtons-nous un peu;

 Et que longtemps il se souvienne
Des voyageurs joints par un doux penchant,
 Qui mirent leur main dans la sienne,
Un jour d'été, par le soleil couchant.

 Agitez vos houppes de laine;
Secouez l'or de vos grelots poudreux,
 Chevaux de montagne et de plaine
Qui conduisez des couples amoureux!

LA VIGNE VENDANGÉE.

Trois jours le raisin a bouilli
Au sein de la cuve profonde.
Le vigneron lâche la bonde
Et le vin brûlant a jailli.
Enfants, votre épaule est chargée
Du plus précieux des fardeaux;
Allez; remplissez les tonneaux;
    La vigne est vendangée.

Laissez faire le vin nouveau;
Il travaille encore et fermente,
Rejetant sa lave écumante
Et baissant son propre niveau.
Il se purge de nos souillures;
Comme le cœur loyal et sain,
Il sait repousser de son sein
    Les écumes impures.

O vin, un jour tu partiras
A travers les mers azurées,
Pour porter aux froides contrées
Un rayon de nos doux climats.
Ainsi, l'œil vif et le pied leste,
S'en vont les voyageurs joyeux;
Ils font en chantant leurs adieux;
    C'est la douleur qui reste.

J'ai voulu seul et d'un pas lent
Revoir la vigne dépouillée;
Une brume froide et mouillée
L'enveloppait d'un crêpe blanc.
C'était une mère privée
Des bruns enfants qu'elle allaitait;
L'oiseau qui dans le bois chantait
    A perdu sa couvée!

Pourquoi faut-il entretenir
La blessure qu'on sait mortelle?
Toujours une douleur nouvelle
Ramène un ancien souvenir.
C'est elle encor, mais bien changée;
Nos saisons n'ont pas de retour.
Envolez-vous, mes chants d'amour :
    La vigne est vendangée.

LE CIGARE.

J'aime à fumer, je le confesse ;
Un cigare me rend heureux :
Il est ma meilleure maîtresse ;
Il est l'ami de ma paresse,
Et je suis souvent paresseux.
Viens donc, mon fidèle cigare,
Mon compagnon silencieux ;
Que par toi ma raison s'égare
En des pensers capricieux.

Que j'aime à suivre ta fumée,
Tantôt sous un feuillage vert,
Tantôt, dans ma chambre fermée,
Auprès de la bûche enflammée,
Cette verdure de l'hiver.
Dans chaque flocon qui s'élève
Pour s'étendre et s'évanouir,
Je vois se balancer un rêve,
Et rêver, n'est-ce pas jouir ?

N'est-ce pas une douce chose
De hausser son esprit aux cieux,
De voguer sans suite et sans cause,
Dans cet horizon blanc et rose
Qu'on ne voit qu'en fermant les yeux ?
Ah ! respirer par la pensée
Et vivre par les sentiments,
Ce n'est pas là chose insensée :
Je crois encore aux doux serments.

Non, l'amitié n'est point un leurre,
Ami, je connais ta vertu ;
Que fais-tu loin de ta demeure ?
Lorsque je pense à toi, je pleure.
Mon ami, quand reviendras-tu ?
Reviens, j'ai besoin de t'entendre
Et j'ai besoin de te parler ;
Mais j'entends une voix plus tendre
Qui vient ici me consoler.

Amour, j'ai maudit ta torture,
Je t'ai nié pour trop souffrir ;
Ta puissance n'est que trop sûre :
Le cœur a toujours sa blessure
Qui se ferme pour se rouvrir.
Mais je n'aperçois que les charmes
Que tu livres à tes élus ;
Tes yeux ne versent plus de larmes ;
Ta blessure ne saigne plus.

Tu bannis ma triste mémoire ;
Je crois à ce monde nouveau,
A la vertu comme à la gloire ;
Je crois en toi, car je veux croire
A tout ce que le ciel fit beau.
Volez, volez, douce fumée :
Là-haut emportez mon espoir ;
Ma cendre tombe consumée ;
Mon cigare est fini. Bonsoir.

LES LAMENTATIONS D'UN RÉVERBÈRE,

ou

LE GAZ A L'INSTITUT.

Passants, écoutez la complainte
D'un réverbère trépassé.
Ouvrez l'oreille au glas qui tinte,
Et saluez une âme éteinte
D'un *requiescat in pace*.

Nous étions encore cinq frères,
Cinq invalides, cinq débris;
Nous nous abritions sous nos verres,
Pour nous cacher, vieux réverbères,
Au centre du nouveau Paris.

C'était à l'Institut de France;
Nous y vivions obscurément,
Dans la naïve confiance
Que l'égide de la science
Couvrirait notre monument.

Les vieilles croyances sont mortes;
Les dieux païens n'ont plus d'autels.
Esprit moderne, tu l'emportes;
Le gaz s'avance : il bat les portes
Du temple où sont les immortels.

Jusque dans mon dernier asile
Il creuse un canal souterrain;

Il se glisse, hideux reptile,
Allongeant son tuyau fossile
Sous le parvis de Mazarin.

Oh! que dira l'Académie,
Lorsque, sortant de son sommeil,
Un aigle de l'astronomie
Se verra frappé d'ophthalmie
Aux feux d'un nocturne soleil?

Écoute mon vœu prophétique :
Tu périras, gaz de l'enfer,
Supplanté, comme un empirique,
Par quelque démon électrique,
Qu'on appellera Lucifer.

Adieu, mon maître, mon lampiste ;
Tu me traitas avec douceur.
Ton office était d'un artiste ;
Voudras-tu, pauvre Jean-Baptiste,
Passer à l'état d'allumeur?

Adieu ; ma carrière est brisée ;
L'huile va manquer au ressort ;
Ma dernière mèche est usée ;
Qu'on me mette dans un musée
Avec la date de ma mort !

Et vous, amoureux solitaires,
Quand vous traverserez ces cours,
Cherchant d'impossibles mystères,
Souvenez-vous des réverbères
Contemporains de vos amours !

LA CONFIDENCE.

Tu m'as fait une confidence
Et je t'en dois une en retour.
Anna, ma compagne d'enfance,
Écoute-moi sans indulgence :
Je te parlerai sans détour.

Ce n'est pas un amour vulgaire
Qui pouvait surprendre mes sens;
Mon esprit n'est pas téméraire;
Et j'ai compris l'amour d'un frère
A l'amitié que je ressens.

Son âme est loyale et limpide;
Sa conscience est un miroir.
On sent une raison rigide
Qui le maintient et qui le guide
Dans le droit chemin du devoir.

Il a toutes les espérances
Que d'autres sèment devant eux;
Et, dans l'âge des défaillances,
Il a conservé les croyances
Qui peuplent les cœurs généreux.

Son langage ne sait pas feindre,
Sa parole est douce sans art.

Ses yeux se lèvent sans rien craindre ;
Ce qui rampe ne peut atteindre
A la hauteur de son regard.

Un soir, dans une causerie,
Il me parla de ses parents,
De ses amis, de sa patrie ;
Je l'écoutais tout attendrie ;
Et j'ai senti mes yeux pleurants.

S'il me disait un jour qu'il m'aime,
J'en aurais un extrême effroi...
J'en aurais un plaisir extrême,
Et je lui répondrais de même,
En lui disant : Pardonnez-moi !

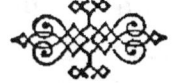

LA CHANSON DE GROS-PIERRE.

Gros-Pierre chante toujours
Quand il est à son ouvrage ;
Or, jugez de son courage :
Il chante le long des jours.
Il se conte son histoire,
Même il se fait la leçon :
Il s'est interdit de boire ;
Sa morale est sa chanson :

Allons, travaille, Gros-Pierre ;
    Tes petits enfants,
    Quand ils seront grands,
Travailleront pour leur père.
Allons, travaille, Gros-Pierre.

Je te dis en vérité,
Se chante-t-il à lui-même,
Qu'au printemps il faut qu'on sème,
Pour récolter en été.
Tu sais qu'après la semaine
Le dimanche reviendra ;
Tu sais qu'au bout de la peine
Le pain blanc se trouvera.

Allons, travaille, Gros-Pierre ;
    Tes petits enfants,
    Quand ils seront grands,
Travailleront pour leur père.
Allons, travaille, Gros-Pierre.

Quand il partit d'ici-bas,
Ton père fit son partage :
Tu reçus en héritage
Un bon cœur et deux bons bras.
On a vu les jours se suivre,
Parfois bons, souvent mauvais;
Tu ne gagnais pas pour vivre,
Et cependant, tu vivais.

Allons, travaille, Gros-Pierre;
 Tes petits enfants,
 Quand ils seront grands,
Travailleront pour leur père.
Allons, travaille, Gros-Pierre.

Ta femme vaut un trésor;
Elle est économe et sage;
Elle soigne son ménage
Comme un avare son or.
Elle a fait, coûte que coûte,
Quatre enfants jusqu'aujourd'hui;
Si le cinquième est en route,
Elle aura du lait pour lui.

Allons, travaille, Gros-Pierre;
 Tes petits enfants,
 Quand ils seront grands,
Travailleront pour leur père.
Allons, travaille, Gros-Pierre.

Que t'importe l'avenir?
Ce n'est pas là ton affaire;
Dieu qui fait tourner la terre

Sait comment tout doit finir.
Qui n'a rien n'a rien à craindre;
Laisse aux autres le souci;
Gros-Pierre, au lieu de te plaindre,
Tu dois dire au ciel : Merci!

Allons, travaille, Gros-Pierre;
　　Tes petits enfants,
　　Quand ils seront grands,
Travailleront pour leur père.
Allons, travaille, Gros-Pierre.

LES PÊCHEUSES DU LOIRET.

Salut, la rivière aux eaux bleues,
Au rivage sombre et discret,
Dont le parcours compte trois lieues,
Et que l'on nomme le Loiret.

J'étais assis là sous l'ombrage,
Pensant je ne sais trop à quoi ;
Je vis, à travers le feuillage,
Une barque glisser vers moi.

Je crus y distinguer deux femmes
Voguant sur le miroir changeant,
Qui coupaient, au tranchant des rames,
Le bleu céleste en grains d'argent.

Comment et quelles étaient-elles ?
Je ne sais... Pourquoi le savoir ?
Le lieu, l'instant les faisaient belles,
Et je ne dois pas les revoir.

Bientôt, à la pointe d'une île
Où le courant tourne et s'endort,
La barque se tint immobile,
Comme un navire assis au port.

Et puis, sérieuses et dignes,
Elles prirent dans le bateau
Deux roseaux armés de deux lignes
Qu'elles allongèrent sur l'eau.

Longtemps, je les vis attentives
Amorcer en vain les poissons,
Et les ablettes fugitives
Jouaient avec leurs hameçons.

Oh! quelle heure délicieuse
Nous passâmes là tous les trois,
Dans cette extase sérieuse
Que donnent l'eau, l'air et les bois.

Je voulus bâtir leur histoire,
Je leur construisis un roman
Dont je n'ai pas gardé mémoire,
Et que je retrouve en dormant.

Mais, hélas! par mon imprudence,
Une pierre dans l'eau plongea;
Sa chute trahit ma présence;
Le charme était rompu déjà.

En me voyant elles sourirent,
Et je leur fis, triste et confus,
Un salut qu'elles me rendirent,
Et qu'elles ne me rendront plus.

Et depuis, lorsque, sur la grève,
Près de l'eau je marche distrait,
Je salue encore en mon rêve
Les deux pêcheuses du Loiret.

LE PUITS DE PONTKERLO.

Auprès du puits la paysanne
Arrive, sa cruche à la main.
Le meunier monté sur son âne
S'arrête au milieu du chemin :
« Bonjour, la belle Marjolaine. »

C'est dans le puits de Pontkerlo
Qu'on va le soir puiser de l'eau.

« Bonsoir, la belle Marjolaine ;
Ne peut-on vous aider un peu ?
— Merci ; je ne crains pas la peine,
Et j'ai deux bons bras, grâce à Dieu.
— Vous verra-t-on danser dimanche ? »

C'est dans le puits de Pontkerlo
Qu'on va le soir puiser de l'eau.

« Vous verra-t-on danser dimanche ?
— Dimanche, à la messe j'irai,
Beau meunier à la veste blanche ;
Puis à vêpres retournerai.
— Vous ne voulez jamais me croire. »

C'est dans le puits de Pontkerlo
Qu'on va le soir puiser de l'eau.

« Vous ne voulez jamais me croire :
La vérité pour logement
Prend un puits, vous savez l'histoire ;
Regardez-y tant seulement :
Vous verrez bien que je vous aime. »

C'est dans le puits de Pontkerlo
Qu'on va le soir puiser de l'eau.

« Vous verrez bien que je vous aime.
— Beau meunier, le puits est profond ;
Je vois que je m'y vois moi-même ;
Ne sais ce qui se passe au fond.
— Regardez encor, Marjolaine. »

C'est dans le puits de Pontkerlo
Qu'on va le soir puiser de l'eau.

« Regardez encor, Marjolaine.
— Je regarde et ne puis rien voir,
Si ce n'est que ma cruche est pleine
Et qu'il va faire nuit, bonsoir.
— Bonsoir, la belle Marjolaine. »

C'est dans le puits de Pontkerlo
Qu'on va le soir puiser de l'eau.

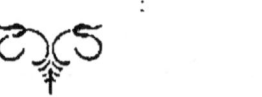

LES PROJETS DE JEUNESSE.

Je me souviens que chez ma mère,
Enfant, je fis mille projets.
J'étais au pays de chimère,
Et devant moi je voyageais.
Je tenais mon esprit en laisse;
Mais par lui j'étais entraîné.
Où sont mes projets de jeunesse
Et la maison où je suis né?

Marcher, courir autour du monde,
Traverser en maître, en vainqueur,
Les monts ardus, la mer profonde,
Sans doute c'est trop de bonheur.
Au moins, je voulais voir la Grèce,
Et la fortune m'a dit : Non !
Où sont mes projets de jeunesse
Et les marbres du Parthénon?

J'avais lu l'amour dans un livre,
Et je m'étais dit : « J'aimerai ! »
Celle pour qui je voulais vivre,
Je la façonnais à mon gré.
Mais, en retour de ma tendresse,
Je voulais un cœur tout entier.
Où sont mes projets de jeunesse
Et les roses de l'an dernier?

Puis, portant plus haut mes pensées,
Je pressentais mon âge mûr

Sur ces images dispersées
Marchant d'un pas solide et sûr.
Je voyais ma verte sagesse
Dominant mes rêves déçus...
Où sont mes projets de jeunesse
Et les préceptes de Jésus?

Adieu, printemps; voici l'automne,
Et l'espérance en moi survit.
Prenons ce que le sort nous donne,
Sans pleurer ce qu'il nous ravit.
S'il n'a pas tenu sa promesse,
En quel temps m'a-t-il délaissé?
Adieu les projets de jeunesse
Et les mensonges du passé!

LE SULTAN.

Le Sultan qui règne à Byzance
Est enfermé dans son sérail;
On s'agenouille en sa présence;
On se tait devant le portail.
Depuis le lever de l'aurore
Jusqu'à ce que le jour ait fui,
Il regarde l'eau du Bosphore,
Et le Sultan se meurt d'ennui.

De la Perse à l'Adriatique,
Et du Danube on ne sait où,
L'Europe, l'Asie et l'Afrique
Sont le collier qu'il porte au cou.
Il a des pachas qui s'exercent
A s'emparer du bien d'autrui,
D'autres pachas qui les renversent :
Et le Sultan se meurt d'ennui.

Il a des courtisans sans nombre;
Il a des gardes panachés,
Des ulémas en robe sombre
Et des vizirs endimanchés.
Il a des flatteurs qu'il décore
Pour mettre sa pipe à l'étui,
Et pour lui dire qu'on l'adore :
Et le Sultan se meurt d'ennui.

Il a des actrices chrétiennes
Pour le distraire par leur jeu,
Et des troupes européennes
Pour faire l'exercice à feu.
Il a des sultanes instruites
A se dévoiler devant lui,
Et des banquiers israélites...
Et le Sultan se meurt d'ennui.

Il a chaque jour les harangues
Des ambassadeurs de tout rang,
Qui lui parlent toutes les langues,
Excepté celle qu'il comprend.
Chacun, de Pilate à Caïphe,
S'efforce à lui servir d'appui ;
Il a lord Strattford de Redcliffe....
Et le Sultan se meurt d'ennui.

Écoute, ma jeune maîtresse,
Tu ne sais pas, toi, simple cœur,
Tous les soucis de la richesse,
Tous les tourments de la grandeur.
Mais c'est pour nous que l'herbe pousse,
Que le soleil luit aujourd'hui ;
Viens, l'air est pur, la vie est douce,
Et le Sultan se meurt d'ennui.

LA CUISINE DU CHATEAU.

Lorsque l'automne, abrégeant la journée,
   A secoué son froid manteau,
J'aime à m'asseoir, près de la cheminée,
   Dans la cuisine du château.

   Dès avant que l'aube paraisse,
   Partout on s'agite, on se presse;
   On circule d'un pied léger;
   La porte s'ouvre et se referme;
   On reçoit les œufs de la ferme
   Et les herbes du potager.

   Dans la marmite en fer de forge,
   La bouillie ou la soupe d'orge
   Bourdonne tout le long du jour,
   Tandis que la broche sonore
   Présente au feu vif qui les dore
   Les poulets de la basse cour.

   C'est là que le pauvre qui passe
   Trouve du pain pour sa besace
   Et s'assied sur le banc de bois;
   Et le colporteur en tournée
   Y vend aux filles de journée
   Les colifichets villageois.

Les chats sournois, les chiens avides,
A l'entour des assiettes vides,
S'en vont flairant je ne sais quoi ;
Partout le mouvement, la vie,
Et, jusqu'à la table servie,
Chaque minute a son emploi.

Lorsque l'automne, abrégeant la journée,
A secoué son froid manteau,
J'aime à m'asseoir, près de la cheminée,
Dans la cuisine du château.

Le soir venu, le travail cesse ;
On rentre ; la lampe se dresse ;
Autour de l'âtre on est pressé ;
Les femmes actives tricotent ;
Les vieilles, en filant, marmottent
Quelque refrain du temps passé.

Le jardinier, dans un lexique,
Cherche le nom scientifique
Des dahlias ou des œillets ;
Le garde-chasse du village
Parle des choses d'un autre âge,
Des loups ou des esprits follets.

Et, dans ce brouhaha paisible,
Le grillon, causeur invisible,
Dans un coin du foyer bruit ;
Et quand le coucou de l'horloge
A chanté dix fois, on déloge ;
On se sépare ; bonne nuit !

Tout s'endort, et moi, je demeure
Assis encor durant une heure
Auprès du brasier consumé.
Et mes rêves prennent des ailes,
Pour aller vers ceux ou vers celles
Qui m'aiment ou qui m'ont aimé.

Lorsque l'automne, abrégeant la journée,
 A secoué son froid manteau,
J'aime à m'asseoir, près de la cheminée,
 Dans la cuisine du château.

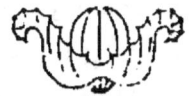

CHANSON NAPOLITAINE.

Du temps de nos amours,
 Ma toute belle,
Vous entendiez toujours
 Ma ritournelle.
Je comptais vos trésors
 Et vos merveilles;
Vous vous bouchiez alors
 Les deux oreilles.
Je vous disais ceci,
Ceci, cela, mille autres choses;
Je vous parlais aussi
Des lis, des myrtes et des roses.
 De vos jardins fleuris
 Fermez les portes :
 Les myrtes sont flétris,
 Les roses mortes.

L'amour m'a consolé,
 Non pas le vôtre;
Pour un cœur envolé,
 J'en trouve un autre.
Les jours suivent les soirs,
 En ce bas monde;
Vos cheveux sont trop noirs;
 J'aime une blonde.
C'est ici, près de vous,

Que j'ai trouvé l'art de lui plaire ;
Ses yeux bleus sont plus doux
Que votre œil noir n'était sévère.
Voyez comme sa main
Presse la mienne...
Passez votre chemin ;
Dieu vous soutienne !

Elle me plaît ainsi,
Ne vous déplaise ;
En prenez-vous souci ?
J'en suis fort aise.
Eh quoi ! vous douteriez
De ma parole ?
Je crois que vous riez ?
Vous êtes folle.
De votre grand pouvoir
Vous connaissez mal la mesure ;
Vous allez la savoir,
Et, s'il faut qu'ici je le jure,
Je jure devant vous,
Devant Dieu même...
Je jure à vos genoux
Que je vous aime.

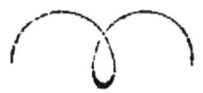

LA BUCHE DE NOEL.

Noël! la bûche est allumée!
Et je suis seul, chez moi, la nuit.
Causons avec le feu, sans bruit,
    Porte fermée.
Il peut trouver longs mes discours;
Moi, j'estime les siens trop courts.
Noël! la bûche est allumée!

Noël! la bûche est allumée!
O bûche de Noël, es-tu
Le rameau d'un cèdre abattu
    Dans l'Idumée?
Mais non; je sais bien qu'autrefois
Tu fus un chêne dans les bois.
Noël! la bûche est allumée!

Noël! la bûche est allumée!
Parle-moi de nos jours heureux :
Tu descends des coteaux ombreux,
    Tout embaumée,
Apportant dans notre cité
Les parfums du dernier été.
Noël! la bûche est allumée!

Noël! la bûche est allumée!
As-tu vu des amants s'asseoir

En attendant l'heure du soir
      Accoutumée?
Chut! on entend un bruit de pas...
Non : c'est un cerf qui fuit là-bas.
Noël! la bûche est allumée!

Noël! la bûche est allumée!
Viendrais-tu pas de la forêt
Où, sans se perdre, s'égarait
      Ma bien-aimée?
Les vieux chênes reverdiront,
La mousse au pied, la feuille au front.
Noël! la bûche est allumée!

Noël! la bûche est allumée!
Mais toi, tes destins vont finir;
Allez, bonheur et souvenir,
      Cendre et fumée.
Adieu, ma bûche de Noël :
Tout rentre en terre ou monte au ciel.
Noël! la bûche est consumée!

MACADAM.

Il faut que ma colère éclate :
J'ai traversé le boulevard ;
Me voilà fait comme un canard...
Pardon, je crois que je me flatte.
Quel est cet affreux badigeon ?
Comment nommez-vous ce mélange
De sable, de pierre et de fange,
Qui semble un produit de Dijon ?

Macadam, patron de la boue,
Reçois cette chanson d'hiver
D'un piéton crotté qui te voue
A tous les diables de l'enfer !

Il nous vient de l'Écosse antique,
Ton vieux système recrépi ;
La banque du Mississipi
Sortait de la même boutique.
Pourtant, je dois le confesser,
Tu nous fais voir des choses neuves
Paris a maintenant dix fleuves,
Et pas un pont pour les passer !

Macadam, patron de la boue,
Reçois cette chanson d'hiver
D'un piéton crotté qui te voue
A tous les diables de l'enfer !

Quelquefois, le long du rivage,
Je chemine, cherchant un gué;
Je vois le peuple triste ou gai
Qui tourne ou force le passage.
Les uns marchent sur les talons,
Les autres enfoncent leurs pointes;
Et moi, l'œil fixe et les mains jointes,
Je me dis : « Il le faut, allons ! »

Macadam, patron de la boue,
Reçois cette chanson d'hiver
D'un piéton crotté qui te voue
A tous les diables de l'enfer !

Combien j'ai vu de pauvres dames
Relever leurs jupons bouffants,
Et dresser leurs petits enfants
A ce métier d'hippopotames !
Puis, quand ils sont au beau milieu,
Voici les équipages... gare !
Tout s'embourbe dans la bagarre...
Ils sont sauvés, merci, mon Dieu !

Macadam, patron de la boue,
Reçois cette chanson d'hiver
D'un piéton crotté qui te voue
A tous les diables de l'enfer !

Oui, je le sais, vous êtes riches,
Vous avez des chevaux de choix,
Et, sans y penser, je le crois,
Vous éclaboussez les caniches.

Au moins, du haut de vos coussins,
Regardez en bas, je vous prie ;
Messieurs de la cavalerie,
Vous oubliez les fantassins.

Macadam, patron de la boue,
Reçois cette chanson d'hiver
D'un piéton crotté qui te voue
A tous les diables de l'enfer !

Si j'étais peintre ou statuaire,
Je représenterais Paris
S'élevant seul sur les débris
Des vieilles cités de la terre.
Ses traits seraient nobles et beaux,
Il aurait le geste suprême ;
Son front ceindrait le diadème,
Et ses pieds auraient des sabots.

Macadam, patron de la boue,
Reçois cette chanson d'hiver
D'un piéton crotté qui te voue
A tous les diables de l'enfer !

Eh quoi ! je parle de statue ?
C'est la tienne qu'on dressera :
Je la vois, devant l'Opéra,
De ton manteau jaune vêtue.
Les cochers et les décrotteurs
Te devaient certes cette offrande ;
Et, sur le socle, je demande
A graver ces couplets vengeurs.

Macadam, patron de la boue,
Reçois cette chanson d'hiver
D'un piéton crotté qui te voue
A tous les diables de l'enfer!

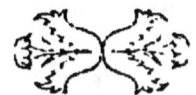

LE PAYS NATAL.

Allez trouver les peuples de Norwége,
  Les Irlandais au dur labeur,
Les Esquimaux qu'ensevelit la neige,
  Les noirs brûlés par l'équateur :
Demandez-leur quel est le coin de terre
  Le plus indulgent à ses fils,
Le doux pays, le climat salutaire :
  Ils vous diront : « C'est mon pays. »

  Pays natal, on te retrouve
  Plus cher, après t'avoir quitté ;
  C'est comme une amitié qu'éprouve
  La distance ou l'adversité.
  Il faut revoir l'église austère
  Avec son clocher qui reluit,
  Et la maison de notre père
  Toute pleine encore de lui.

  Elle a bien pu changer de maître ;
  Ses murs ont été jetés bas :
  Nous saurons toujours reconnaître
  Le sol où s'essayaient nos pas,
  Et la promenade voisine
  Où l'on jouait, enfant heureux,
  Avec la petite cousine
  Dont on croyait être amoureux.

  Je pars, je cours dans la campagne ;
  Je veux aller en liberté

Retrouver ma vieille compagne,
La jeunesse qui m'a quitté.
Et je m'arrête et je regarde
Un sentier perdu dans les bois,
Et la cabane du vieux garde,
Grise aujourd'hui, blanche autrefois.

Là, les arbres de l'avenue
Semblent agiter leurs grands bras
Pour saluer la bienvenue
D'un ami qu'ils n'attendaient pas.
Et je me dis que ce que j'aime,
Femme ou chose, doit en retour
Garder une part de moi-même,
Pour reconnaître mon amour.

Et cependant l'étranger passe,
Sans plaisir comme sans ennui ;
Le vent effacera la trace
Que ses pieds laissent après lui.
Pourquoi ce charme qui m'enivre ?
Pourquoi pleuré-je sans souffrir ?
C'est là, c'est là qu'il faudrait vivre ;
C'est là surtout qu'il faut mourir !

J'ai vu passer sur la terre de France
 Des tribus sans gîte et sans pain,
Qui s'en allaient demander l'existence
 Aux hasards d'un climat lointain.
Fier Océan, pour eux calme ton onde ;
 Soleil, adoucis-toi pour eux ;
Mon Dieu, guidez les enfants du vieux monde
 Fuyant le toit de leurs aïeux !

LA LECTURE DU ROMAN.

Que lis-tu, Margot? une histoire?
Non, un roman; je le connais.
S'il croit que nous allons le croire,
L'auteur nous prend pour des benêts.
D'abord, son héroïne est blonde;
Je n'ai rien à dire à cela;
Mais il ajoute... Halte-là!
Qu'il n'est rien de pareil au monde.

    Ma pauvre Margot,
      N'en crois pas un mot;
L'auteur a fait une bévue :
    Ma pauvre Margot,
Il ne t'a sans doute pas vue;
      N'en crois pas un mot.

Quel est ce héros à moustache
Habillé dans le dernier goût?
Il n'a pas d'état, que je sache;
Il est amoureux, voilà tout.
On le voit passer, pâle, triste,
Brun, boutonné, silencieux.
Il marche en s'essuyant les yeux
Avec un mouchoir de batiste.

    Ma pauvre Margot,
      N'en crois pas un mot :

Tu ne voudrais plus me sourire ;
    Ma pauvre Margot,
Voilà ce que l'on gagne à lire :
    N'en crois pas un mot.

Après des traverses sans nombre,
On s'exile dans un château.
Elle est très-bien mise, il est sombre ;
Le parc est grand, le temps est beau.
Ils nichent là sous la charmille,
Comme des ramiers langoureux.
Personne ne s'informe d'eux :
Ils n'avaient donc pas de famille ?

    Ma pauvre Margot,
    N'en crois pas un mot :
Si nous venions à disparaître,
    Ma pauvre Margot,
Nos amis t'oublîraient peut-être ?
    N'en crois pas un mot.

C'est ici que l'auteur déploie
Sa science du cœur humain :
Ce n'est que dorure, que soie,
Chêne antique et marbre romain.
Et j'en suis encore à comprendre
L'ennui de ce fils de Balzac,
Qui vit au sein du bric-à-brac
Et couche dans le palissandre.

    Ma pauvre Margot,
    N'en crois pas un mot :

L'auteur veut me faire une niche ;
> Ma pauvre Margot,
Il sait que je ne suis pas riche...
> N'en crois pas un mot.

Le souffle glacé de la bise
Éteint le feu de leurs amours.
La dame est toujours très-bien mise,
Le monsieur pleurniche toujours.
« Adieu, ma belle ! — Adieu, mon maître ! »
Ils quittent tous deux le château ;
Le concierge y met l'écriteau.
Demain, ils se tûront peut-être !

> Ma pauvre Margot,
> N'en crois pas un mot :
Les amoureux tiennent à vivre ;
> Ma pauvre Margot,
Aimons-nous, et fermons ce livre ;
> N'en crois pas un mot.

LE NID ABANDONNÉ.

Dans un jardin du voisinage
Deux merles avaient fait leur nid;
Trois œufs furent le témoignage
Du doux serment qui les unit.

Je les ai vus sous ma fenêtre,
De la pointe à la fin du jour,
Couver, trois semaines peut-être,
L'espoir tardif de leur amour.

Les petits ont vu la lumière;
J'entends leurs cris; il faut nourrir
Cette jeunesse printanière
Qu'on craint toujours de voir mourir.

Que de soucis et que de joie!
On ne peut rester endormi :
Sans cesse il faut guetter la proie;
Il faut éviter l'ennemi.

O vertu, tendresse immuable,
O soins constants, travaux passés,
Par quel amour insatiable
Serez-vous donc récompensés?

Ce matin, des cris de détresse
Dans le jardin ont résonné :
Les merles voletaient sans cesse
Autour du nid abandonné.

Sans doute, un épervier rapide,
Une couleuvre aux yeux perçants,
Ou des enfants, troupe perfide,
Auront surpris les innocents?

Non, dès qu'ils ont senti leurs ailes,
Les ingrats ont fui pour toujours,
Avides d'amitiés nouvelles,
Oublieux des vieilles amours.

Ils vont étaler leur plumage,
Voler et chanter dans le ciel,
Sans entendre le cri de rage
Qui sort du buisson paternel.

A quelles cruelles épreuves
Seront soumis les fils ingrats!
L'affection, comme les fleuves,
Descend et ne remonte pas.

Allez, enfants, douces chimères,
Rêves menteurs qui nous charmez,
Vous n'aimerez jamais vos mères
Autant qu'elles vous ont aimés.

L'HISTOIRE DE MON CHIEN.

Le héros de la contrée,
C'est Médor, le grand chasseur.
Sa mère était Bigarrée,
Et Misquette était sa sœur.
Il possède allure prompte,
OEil vif et noble maintien.

   Ce que je raconte,
C'est l'histoire de mon chien.

Viens, Médor, causons ensemble;
Ici, mon doux animal;
Il ne faut pas que l'on tremble,
Quand on n'a pas fait le mal.
Donne-moi la patte et monte
Sur ce fauteuil, près du mien.

   Ce que je raconte,
C'est l'histoire de mon chien.

Médor, il faut que je dise
Où vous péchez, il le faut :
Vous avez la gourmandise;
C'est un fort vilain défaut.
Mais tu chasses pour mon compte,
Et tu m'apportes ton bien.

   Ce que je raconte,
C'est l'histoire de mon chien.

Dans des maisons étrangères,
On me dit que, chaque jour,
A des levrettes légères
Vous allez faire la cour.
Voyez un peu quel mécompte
Pour Mirza qui n'en sait rien !

 Ce que je raconte,
C'est l'histoire de mon chien.

Avec moi, par les campagnes,
Tu chasses dans la saison ;
Au jardin tu m'accompagnes
Et tu gardes la maison :
Des amis que je décompte
Tu restes le plus ancien.

 Ce que je raconte,
C'est l'histoire de mon chien.

Tu sais bien l'enchanteresse
Qui nous gâtait autrefois ?
Je reconnaissais maîtresse
A la douceur de ta voix.
Elle t'embrassait sans honte ;
Nous l'aimions, tu sais combien...

 Ce que je raconte,
C'est l'histoire de mon chien.

Médor, si je fus bon maître,
Tu fus plus fidèle, toi.
J'ai d'autres amours peut-être,

Et tu n'as d'ami que moi.
Vous voyez qu'en fin de compte
Médor ne me doit plus rien.

 Ce que je raconte,
C'est l'histoire de mon chien.

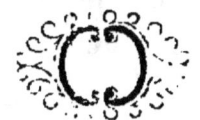

LIBRE!

1860.

  Libre, libre,
 Tu vas donc être libre,
Notre sœur d'au delà des monts !
C'est ton nom, c'est ta voix qui vibre
Dans l'air que poussent nos poumons.
Le tocsin de ta délivrance
Nous unit dans un même élan ;
Le Campanile de Florence
Répond au Dôme de Milan.

  Libre, libre,
 Tu vas donc être libre !
Tu ne connaîtras qu'un drapeau.
Arrière le vieil équilibre
Qui parquait un peuple en troupeau !
Que ton oreille musicale
S'ouvre à l'écho qui va changer ;
Tu n'entendras plus sur ta dalle
Sonner l'éperon étranger.

  Libre, libre,
 Tu vas donc être libre !
Il te souvient des anciens preux.
Nous avons encore la fibre
Des vaillants et des généreux.

Que de nos veines soit tirée
La mesure de ta rançon,
Et la terre désaltérée
Aura sa paisible moisson.

 Libre, libre,
 Tu vas donc être libre !
Rien ne viendra souiller ton air,
Des Alpes aux sources du Tibre,
Et d'une mer à l'autre mer.
Fils du Corrége et de Bramante,
Votre soleil n'est plus terni ;
Chantez donc les versets du Dante
Et les hymnes de Rossini !

 Libre, libre,
 Tu vas donc être libre !

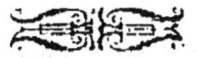

MON AMI BERNIQUE.

C'est un de mes vieux amis,
   Un ami d'enfance,
Écolier sage et soumis,
   Garçon d'espérance.
Il avait à tous les jeux
   Une chance unique :
Vous croyez qu'il fut heureux ?
     Bernique,
     Bernique,
Mon ami Bernique.

Il voulut être avocat ;
   Ce n'est pas trop dire.
Pour que rien ne lui manquât,
   Il apprit à lire.
Il fut fort en droit romain
   Comme en rhétorique ;
Mais, au premier examen....
     Bernique,
     Bernique,
Mon ami Bernique.

Pour jouer à l'amoureux,
   Comme tout le monde,
Il chante en vers langoureux
   Sa cousine blonde.

Quand il a mis dans son sein
  Un feu platonique,
Survient un second cousin....
    Bernique,
    Bernique,
  Mon ami Bernique.

Il veut voyager sur mer;
  Funeste aventure!
Il saute en chemin de fer;
  Il verse en voiture.
Il veut aller en ballon
  Jusqu'en Amérique;
Le voyage sera long...
    Bernique,
    Bernique,
  Mon ami Bernique.

Voyant que l'oisiveté
  N'emplit pas la caisse,
Un beau jour, il est tenté
  De grande finesse :
Il met sa fortune en vin,
  L'envoie au Mexique;
Vous croyez qu'elle en revint?
    Bernique,
    Bernique,
  Mon ami Bernique.

Il sollicite ardemment
  Un siége à la chambre;
Il l'obtient tout justement
  Le premier décembre.

Il a la démangeaison
   D'être auteur tragique
Ou préfet de... Montbrison...
      Bernique,
      Bernique,
   Mon ami Bernique.

Il n'a plus qu'un seul espoir,
   C'est mon héritage.
Or, c'est là, comme on va voir,
   Un bel avantage.
Pour le narguer en tout temps,
   Le sort ironique
Me fera vivre cent ans...
      Bernique,
      Bernique,
   Mon ami Bernique.

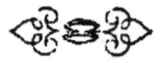

NUIT D'ÉTÉ.

La chaleur du jour est calmée ;
Viens goûter, ô ma bien-aimée,
   La nocturne fraîcheur.
L'air plein de parfums nous enivre ;
C'est l'heure où l'on éprouve à vivre
   Une extrême douceur.

Regarde : la lune arrondie
S'élève comme un incendie
   Au-dessus du coteau ;
Elle effleure le gazon pâle
Et donne des teintes d'opale
   Aux murs du vieux château.

Quel silence ! allons sous la voûte
De ces noirs marronniers... Écoute :
   Ce bruit... n'entends-tu pas ?
Non, c'est le grillon qui s'attarde,
La blanche phalène... Regarde :
   Ne vois-tu rien là-bas ?

Ne vois-tu pas des formes blanches
Glisser deux par deux sous les branches,
   En se tenant ainsi ?
Inclinons-nous, ce sont les âmes
Des seigneurs et des nobles dames
   Qui s'aimèrent ici.

Oh! qu'ils sont pâles, les ancêtres!
Un jour pourtant de nouveaux maîtres
 Les auront à leur tour,
Ces mystérieuses allées,
Ce château, ces nuits étoilées,
 Et ces fièvres d'amour.

Ah! si, pour un dessein semblable,
Ils vont, à l'heure favorable,
 Par le même chemin,
S'ils se penchent au pied d'un arbre,
Pareils à des groupes de marbre,
 Et la main dans la main,

Que, touchés de notre prière,
Ils daignent jeter en arrière
 Un regard attristé;
Ils verront passer nos deux ombres,
Blanches sous les marronniers sombres,
 Par une nuit d'été.

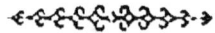

MON ONCLE GASPARD.

Mon Dieu, quelle affaire!
Voyez-vous les coups du sort?
Rien n'est éternel sur terre :
Mon oncle Gaspard est mort!

Rangé, modeste, économe,
Il n'avait pas un défaut;
Il est mort un peu trop tôt :
Il était si galant homme!
Bon parent, riche rentier,
Sensible célibataire,
    Fort propriétaire...
Il m'a fait son héritier.

Mon Dieu, quelle affaire!
Voyez-vous les coups du sort?
Rien n'est éternel sur terre :
Mon oncle Gaspard est mort!

Pauvre ami, tu peux m'en croire,
Je ne serai point ingrat;
Je signerais un contrat
Pour honorer ta mémoire.
Ton respectueux neveu
Va faire à ta gouvernante
    Cent écus de rente,
Pour remplir ton dernier vœu.

Mon Dieu, quelle affaire !
Voyez-vous les coups du sort?
Rien n'est éternel sur terre :
Mon oncle Gaspard est mort!

Je veux, en touchant mes termes,
Te pleurer tous les trois mois;
Je veux pleurer chaque fois
Qu'on me soldera mes fermes.
Ému de tant de bienfaits,
J'aurai des douleurs intimes,
En palpant les primes
Des Strasbourg que tu m'as faits.

Mon Dieu, quelle affaire !
Voyez-vous les coups du sort?
Rien n'est éternel sur terre :
Mon oncle Gaspard est mort!

Toi que l'on croyait avare,
Tu thésaurisais pour moi;
Tu ne sauras pas l'emploi
Qu'à ton argent je prépare.
Par conscience, je veux
N'en pas conserver un zeste,
Et léguer le reste
A mes coquins de neveux.

Mon Dieu, quelle affaire !
Voyez-vous les coups du sort?
Rien n'est éternel sur terre :
Mon oncle Gaspard est mort!

C'est horrible, quand je pense
Que, jusqu'au dernier moment,
On pouvait impunément
Le rendre à mon espérance.
C'en est fait : il a vécu ;
Mais son image vivante
   Me sera présente
Jusqu'à mon dernier écu.

   Mon Dieu, quelle affaire !
Voyez-vous les coups du sort ?
Rien n'est éternel sur terre :
Mon oncle Gaspard est mort !

.

L'ATTENTE.

J'attends mon amie.
Je l'attends, l'œil arrêté
Sur le cadran argenté.
Aiguille endormie,
Comme moi vous l'attendez;
J'avance et vous retardez.
J'attends mon amie.

J'attends mon amie.
Tout est prêt; je vois là-bas
Nos fauteuils, qui ne sont pas
De l'Académie,
Et le tabouret boiteux
Où quatre pieds en font deux.
J'attends mon amie.

J'attends mon amie.
Voici les fleurs de saison;
Elle apporte en ma maison
Son économie;
Elle ne veut qu'un bouquet
De lilas ou de muguet.
J'attends mon amie.

J'attends mon amie.
Je lis un livre récent;
Il me paraît amusant

Comme Jérémie ;
Et je ne me souviens plus
Des chapitres que j'ai lus.
 J'attends mon amie.

J'attends mon amie.
L'heure !.. aurait-elle oublié?..
Ah ! mon âme, par pitié,
 Restez affermie.
Au rendez-vous indiqué
A-t-elle jamais manqué?
 J'attends mon amie.

J'attends mon amie.
Si pourtant quelque malheur?...
Hier, je voyais sa pâleur...
 Déjà la demie !
Aiguille, vous avancez...
Non, car vous me l'annoncez :
 J'entends mon amie.

L'OUBLI.

Assurez-vous, mon cœur, que, dans ce monde,
Rien d'éternel ne saurait vous lier;
Le plaisir vif et la douleur profonde
Sont emportés au cours de la même onde;
Mon cœur, mon cœur, vous saurez oublier.

    L'oublier, elle! Méconnaître
    La douce voix qui dit mon nom?
    Je puis la maudire peut-être,
    La haïr, soit; l'oublier, non!
    Je rougis autant que je souffre
    D'un amour qu'on ne guérit pas.
    Je sens le mal, je vois le gouffre!
    Où va ma tête? où vont mes pas?

O Lamartine, ô mon chaste poëte,
Je veux rouvrir ton livre harmonieux.
Qu'il sorte enfin de sa longue retraite;
Comme autrefois, que mon âme s'arrête
Sur le feuillet où s'arrêtent mes yeux.

    Que vois-je? une fleur desséchée
    Tombe du livre entre mes doigts.
    Quelle main peut l'avoir cachée?...
    Ah! oui... je me souviens... je vois
    Un grand jardin, une terrasse,
    Une vierge pâle aux yeux bleus...
    Son nom... je le sais... elle passe,
    Un ruban vert dans les cheveux....

Cet amour-là, c'est un amour d'enfance
Éclos un jour au pied d'un vieux tilleul;
Notre pudeur était notre défense;
Nous épelions, écoliers en vacance,
Un mot nouveau qui s'apprenait tout seul.

    Nous lisions le Lac un dimanche;
    Elle s'appuya sur mon bras,
    Pour me cueillir cette pervenche,
    En disant : « Ne m'oubliez pas. »
    Nous étions gais comme notre âge,
    Et pourtant nous avons pleuré.
    J'ai mis la fleur à cette page,
    En disant : « Je me souviendrai. »

Assurez-vous, mon cœur, que, dans ce monde,
Rien d'éternel ne saurait vous lier;
Le plaisir vif et la douleur profonde
Sont emportés au cours de la même onde;
Mon cœur, mon cœur, vous savez oublier.

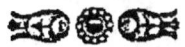

LE ROI BOITEUX.

Un roi d'Espagne ou bien de France
Avait un cor, un cor au pié;
C'était au pié gauche, je pense;
Il boitait à faire pitié.

Les courtisans, espèce adroite,
S'appliquèrent à l'imiter,
Et, qui de gauche, qui de droite,
Ils apprirent tous à boiter.

On vit bientôt le bénéfice
Que cette mode rapportait,
Et, de l'antichambre à l'office,
Tout le monde boitait, boitait.

Un jour, un seigneur de province,
Oubliant son nouveau métier,
Vint à passer devant le prince,
Ferme et droit comme un peuplier.

Tout le monde se mit à rire,
Excepté le roi, qui tout bas
Murmura : « Monsieur, qu'est-ce à dire?
Je crois que vous ne boitez pas?

— Sire, quelle erreur est la vôtre!
Je suis criblé de cors; voyez :
Si je marche plus droit qu'un autre,
C'est que je boite des deux pieds. »

L'IMPROVISATEUR DE SORRENTE.

Un improvisateur, par un beau soir d'été,
Passait au bord du golfe où se baigne Sorrente.
La foule l'entoura, nombreuse et turbulente;
Il prit donc sa guitare et chanta. J'écoutai
     Sa voix mâle et vibrante.

    Que vous chanterai-je ce soir?
    Si quelqu'un désire savoir
    Qui me retient en son pouvoir,
    Je dirai que c'est une brune.
    Sa lèvre est un matin vermeil,
    Sa joue, un printemps au réveil;
    Elle a tout l'éclat du soleil,
    Avec la pâleur de la lune.

    Son front se perd dans les sommets
    Où la neige ne fond jamais,
    Et, pour les baiser, tu te mets
    Sous ses pieds, ô mer azurée!
    Venise, Milan et Turin
    Sont les trois perles de l'écrin
    Qui lui font un collier d'airain;
    Et Rome, la ville sacrée,

    Rome est son cœur; le sentez-vous?
    Mettez-lui la main sur le pouls;
    Et vous jugerez à ses coups

De la fièvre qui la tourmente.
Mais sa volupté, la voilà :
Naples, Naples, saluez-la !
Versez le vin de Marsala
Dans la coupe de mon amante !

Elle chante comme l'oiseau ;
La grâce naît sous son pinceau ;
Elle sacre avec le ciseau
Les blocs arrachés de la fange.
Ses vierges descendent du ciel
Dire la gloire d'Israël ;
Sa douceur a nom Raphaël,
Et sa puissance, Michel-Ange.

Et je me dis avec effroi :
Fût-il prince, empereur ou roi,
Qui donc serait digne de toi,
O ma fiancée immortelle ?
Et le Vésuve seulement
Répond par son tressaillement ;
Un douloureux enfantement
Se prépare en sa citadelle.

Oh ! quelle sinistre rougeur,
Lorsque viendra le jour vengeur,
Et que le fleuve voyageur
Versera sa lave écumante !
Quand la foudre aura retenti,
Peuple, tu seras averti.
Versez le Lacryma-Christi
Dans la coupe de mon amante !

Le chanteur s'arrêta; la foule, avec terreur,
Écoutait... écoutait... Mais une ritournelle
Arriva jusqu'à nous, et le peuple infidèle
Oublia l'Italie et le pauvre chanteur
  Pour une saltarelle !

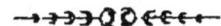

LES COTES D'ANGLETERRE.

L'autre jour, dans le parlement
(Ceci se passe en Angleterre),
Certain amiral, vieux Normand,
Connu pour son bon caractère,
S'écriait : « La France est là-bas,
Debout sur ses falaises hautes.
Messieurs, ne nous endormons pas :
    Fortifions,
    Fortifions,
Fortifions nos côtes.

« Nos armements sont incomplets ;
Notre marine est déplorable ;
Douvres n'est pas loin de Calais ;
Gibraltar n'est pas imprenable.
Cherbourg ne s'est-il pas permis
De nous traiter comme des hôtes ?
Nos amis sont nos ennemis :
    Fortifions,
    Fortifions,
Fortifions nos côtes. »

« Devant le commodore anglais,
Dit un autre, je me découvre ;
Mais si Douvre est près de Calais,
Calais n'est pas bien loin de Douvre.
Quoi ! la France, en combat naval,

Vrai, c'est à s'en tenir les côtes,
Lutter avec.... mais c'est égal :
      Fortifions,
      Fortifions,
Fortifions nos côtes. »

Alors un ministre fameux
Dit : « Messieurs, je suis bien le vôtre ;
Vous avez raison tous les deux,
Mais vous avez tort l'un et l'autre.
Le ministère qui n'est plus
Avait commis fautes sur fautes.
Savez-vous ce que j'en conclus ?
      Fortifions,
      Fortifions,
Fortifions nos côtes. »

Chers Anglais, gardez votre sol ;
Votre tâche est assez remplie :
Vous avez pris Sébastopol
Et combattu pour l'Italie.
Vous possédez la Toison d'or ;
Reposez-vous, fiers Argonautes.
Si le cœur vous en dit encor,
      Fortifiez,
      Fortifiez,
Fortifiez vos côtes.

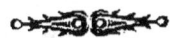

A PROPOS D'ANNEXION.

1860.

J'ai pour voisin un fils de la Savoie,
D'or pour le cœur, d'acier pour le jarret.
Si loin, si loin que le client l'envoie,
    Il part plein de joie,
Courrier agile et messager discret.
J'eus, hier soir, recours à son office
Pour un billet, une invitation ;
Je causai donc avec l'ami Maurice,
    Et, non sans malice,
Je prononçai le mot d'annexion.
Il répondit : « Ma mère était Française,
Mon père aussi, moi de même, et, ma foi,
    Je serais fort aise
Que mes enfants le fussent comme moi.

» Je ne suis pas savant en écriture ;
Je le dirais qu'on ne me croirait pas ;
Mais le coup d'œil remplace la lecture :
    C'est loi de nature
Que l'eau des monts coule de haut en bas.
J'ai vu rouler l'inondation blanche
Sur les vallons creusés par le torrent.
On doit toujours tomber par où l'on penche,

Comme l'avalanche,
L'homme a sa pente et court à son courant.
Or, voyez-vous, ma mère était Française,
Mon père aussi, moi de même, et, ma foi,
  Je serais fort aise
Que mes enfants le fussent comme moi. »

« Mais, mon ami, lui dis-je, l'Italie
Vous sera-t-elle un pays étranger?
Sa grande tâche est à moitié remplie;
  Faut-il qu'on oublie
Le sort commun et le commun danger?
— Oh! non, monsieur, j'ai le cœur d'un bon frère,
Et l'Italie est notre sœur à tous.
Elle a nos vœux; mais si ma sœur m'est chère,
  J'aime aussi ma mère :
J'ai bu son lait, et son sang coule en nous.
Car, avant tout, ma mère était Française,
Mon père aussi, moi de même, et, ma foi,
  Je serais fort aise
Que mes enfants le fussent comme moi.

» Et puis, monsieur, la langue est un baptême;
On peut s'entendre encore en un procès.
Si je veux dire à quelqu'un que je l'aime,
  Ça va de soi-même,
Je parle franc, c'est-à-dire français.
— C'est bien, Maurice, il faut que je vous laisse;
Je vous comprends; vous comprendre m'est doux.
Allez porter ma lettre à son adresse :
  C'est chose qui presse.
A des amis je donne un rendez-vous.

— Je pars, monsieur, ma mère était Française,
Mon père aussi, moi de même, et, ma foi,
Je serais fort aise
Que mes enfants le fussent comme moi. »

M'AIMEZ-VOUS?

Vous êtes si jolie...
    Laissez-moi
Vous regarder, Julie,
    Sans effroi.
Vos regards que j'appelle
    Sont si doux!...
Je vous aime, cruelle;
    M'aimez-vous?

Si vous vouliez m'entendre,
    Je serais
Respectueux et tendre...
    A peu près.
Vous-même seriez franche,
    Entre nous,
A charge de revanche...
    Voulez-vous?

Vous aimez à sourire;
    Est-ce vrai?
Il fallait me le dire;
    Je rirai.
On sait bien que les hommes
    Sont des fous;
Comptez combien nous sommes.
    Riez-vous?

Mais la mélancolie
　　Vous sied mieux ;
Vous avez l'Italie
　　Dans les yeux.
La douleur a ses charmes ;
　　Sans courroux,
Je veux boire vos larmes.
　　Pleurez-vous ?

Aimez-vous les voyages ?
　　Nous suivrons
La marche des nuages
　　Sur nos fronts.
Nous fuirons les attaques
　　Des jaloux ;
Nous reviendrons... à Pâques.
　　Partons-nous ?

L'amour, qu'il rie ou pleure,
　　N'est-il pas
La chose la meilleure
　　D'ici-bas ?
C'est moi qui vous supplie,
　　A genoux,
D'être heureuse, Julie ;
　　M'aimez-vous ?

LE MANDARIN.

Pé-Pi-Po, fils de Tsi-Tsin-Tson,
Mandarin du Céleste Empire,
Chantait toujours une chanson
Que je vais tenter de traduire :
« J'ai le bonnet à bouton d'or,
Je porte la soie amarante,
Et pourtant je suis jeune encor,
Je navigue entre vingt et trente.
Je compte parmi les lettrés,
Dans les manuscrits je sais lire,
Et par moi les livres sacrés
Disent ce que je leur fais dire.
Depuis quinze ou seize cents ans
Mes aïeux font des anagrammes ;
On dit même que je descends
De Confucius par les femmes.

Et pourtant il me manque, hélas !
Je ne sais quoi... Le ciel me vienne en aide !
Pour avoir ce que je n'ai pas,
Je donnerais tout ce que je possède.

» Ce rien qui manque à mon bonheur,
Je le cherche et je le demande.
J'ai la bouche arrondie en cœur
Et les yeux fendus en amande.
Tous les éléments de beauté
Sont réunis dans ma personne,

Double menton, nez épaté,
Teint d'orange en saison d'automne.
J'ai de grands ongles aux dix doigts,
Mes petits pieds sont deux merveilles,
Et pas un ne pourrait, je crois,
Montrer de plus grandes oreilles.
Mon front semble un onyx poli
Où s'enchâsseraient deux turquoises ;
Enfin je suis le plus joli
Des Chinois, selon les Chinoises.

Et pourtant il me manque, hélas !
Je ne sais quoi... Le ciel me vienne en aide !
Pour avoir ce que je n'ai pas,
Je donnerais tout ce que je possède.

« Ce n'est pas non plus la santé :
J'ai l'estomac d'une baleine,
Et je me suis toujours porté
Comme la Tour de porcelaine.
J'ai des fermes et des palais,
Des terres, des chasses, des pêches ;
J'achète l'opium des Anglais
Et je leur vends des feuilles sèches.
Je dors quatorze heures par jour,
Dans mon hamac je me balance ;
J'apprends à battre du tambour
Et je fredonne la romance.
Au besoin, je suis belliqueux ;
Je commande à dix mille braves ;
Je dois être plus brave qu'eux,
Puisqu'ils sont mes humbles esclaves.

Et pourtant il me manque, hélas !
Je ne sais quoi... Le ciel me vienne en aide !
Pour avoir ce que je n'ai pas,
Je donnerais tout ce que je possède. »

Il survint alors, m'a-t-on dit,
Deux malheurs, la guerre et la peste.
Le pauvre mandarin perdit
Fortune, bouton et le reste.
« Bon, dit-il, le sort rigoureux
M'apprend enfin à me connaître ;
On ne voit qu'on était heureux
Qu'à l'heure où l'on cesse de l'être.
Cet inconnu tant souhaité
Vient à point combler ma lacune :
Il me manquait l'adversité
Pour apprécier la fortune.
Si je retrouve un jour mon bien,
Mon rang, mon titre et ma jeunesse,
Il ne me manquera plus rien,
Maintenant que j'ai la sagesse.

Mais il me manque désormais
Je sais bien quoi... Le ciel me vienne en aide !
Pour retrouver ce que j'avais,
Je donnerais tout ce que je possède.

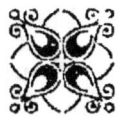

ELLE!

Mes amis, ce chant est pour elle ;
Qu'il vole comme une étincelle,
   Au loin porté par vous.
Vous le lui chanterez peut-être ;
Mais vous ne pourrez la connaître ;
   N'en soyez pas jaloux.

Son nom, nul ne le sait au monde,
Ni si sa tête est brune ou blonde,
   Ni ses yeux noirs ou bleus :
Qu'importe à vous comme à moi-même?
Ce n'est pas chez elle que j'aime
   Des yeux ou des cheveux.

Ce n'est pas pour sa taille exquise
Que mon culte la divinise,
   Ni pour son doux maintien ;
Ce n'est pas pour son cou d'albâtre,
Mais pour son cœur qui ne sait battre
   Qu'à l'unisson du mien.

C'est pour les larmes, ondes pures,
Qu'elle verse sur mes blessures,
   Pour son rire embaumé,
Pour cette douceur égoïste,
Que je lui dois et dont j'existe,
   De me savoir aimé.

Car mon orgueil est d'un sauvage ;
Je ne permets pas de partage,
   Où je me livre entier.
Si je venais à douter d'elle,
Je saurais, esclave rebelle,
   La fuir et l'oublier.

Ma vie est soudée à la sienne ;
Il faut qu'intact elle maintienne
   Le dépôt de ma foi.
Son souffle est l'air qui me fait vivre,
Son âme, ouverte comme un livre,
   Son âme est toute en moi.

Or, mes amis, je le demande,
Qu'importe à ma vanité grande
   Sa mise ou sa beauté ?
Que me fait la chair ou la toile
Qui sert de prison à l'étoile
   De ma divinité ?

Qu'il soit de porphyre ou de pierre,
C'est la ferveur de la prière
   Qui consacre l'autel ;
Et maintenant, qu'elle soit laide !
Je l'accorde, si je possède
   Ce qu'elle a d'immortel.

Comme elle est, je l'aime et l'honore ;
Je l'aimerais plus laide encore...
   Eh bien, que direz-vous,
Lorsque vous saurez qu'elle est belle
Comme un marbre de Praxitèle,
   Belle à vous rendre fous !

UNE HISTOIRE DE VOLEUR.

On aime à causer après boire ;
Chacun racontait son histoire
De revenants ou de voleurs.
Le mari d'une dame brune
Dit : Je vais vous en conter une
Qu'on n'a pas entendue ailleurs.

J'étais de garde à la mairie ;
Servir sa dame et sa patrie,
C'est le devoir d'un troubadour ;
Mais Héloïse est si peureuse,
Que j'eus l'idée aventureuse
De déserter avant le jour.

Il était une heure et demie ;
La chambrée était endormie ;
Doucement je lève le pié ;
Je traverse la ville grise,
Tout ébaubi de la surprise
Que j'allais faire à ma moitié.

J'arrive enfin devant mon louvre.
Que vois-je ? ma fenêtre s'ouvre...
En mon absence que fait-on ?
Un gaillard à mine incongrue
Se laisse glisser dans la rue ;
Du haut de mon propre balcon.

Il ne faut pas grande finesse
Pour deviner de quelle espèce
Était ce nocturne rôdeur :
Sortir ainsi de notre chambre,
Au milieu du mois de décembre...
A coup sûr c'était un voleur.

Que faire en cette circonstance?
Pour y songer avec prudence,
Je reste tapi dans mon coin;
Et lorsque, pâle de colère,
Je m'élance sur le corsaire,
Le corsaire était déjà loin.

J'éveille en sursaut mon concierge,
Je monte droit comme flamberge;
J'entre comme un coup de fusil.
Héloïse, sortant d'un somme,
Me dit : « C'est toi, mon petit homme?
Tu rentres tard; quelle heure est-il? »

Chaque objet était à sa place;
Nul dérangement, nulle trace
De voleur ni de loup garou.
Mon or était sur ma commode;
Ma montre, selon ma méthode,
Était suspendue à son clou.

Je m'élance vers la fenêtre!
Vous vous imaginez peut-être
Qu'elle était ouverte? Non! Mais...
Ici commence l'impossible;

Quelle était la main invisible?...
C'est ce qu'on ne saura jamais.

Ce siècle est celui des miracles :
Nous assistons à des spectacles
Où la raison ne conçoit rien.
Voilà mon histoire authentique ;
Qui pourra l'expliquer, l'explique ;
Moi, je donne ma langue au chien.

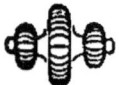

LA PROMENADE.

Nous nous promenions tous les deux,
Par une chaleur accablante.
Crédule comme un amoureux,
Dans la forêt j'étais heureux
De guider sa marche indolente.
Je serrais son bras sous le mien;
Je prenais ma voix la plus douce;
Mes yeux étaient de l'entretien;
Mais elle ne comprenait rien :
Le sol n'avait-il pas de mousse?

La mousse, elle était sous nos pieds,
Comme un tapis de haute laine,
Couvrant les tertres émaillés,
Dressant des siéges appuyés
Au dossier robuste d'un chêne.
Mais elle ne semblait rien voir,
Et, rassemblant des fleurs sans nombre,
Sans même penser à s'asseoir,
Elle baissait son voile noir :
Les arbres n'avaient-ils pas d'ombre?

L'ombre, elle était sur notre front,
A midi, l'heure du silence,
Quand tout mouvement s'interrompt,
Que tout subit le poids de plomb

D'une invincible somnolence.
Mais elle n'avait pas au cœur
Le sentiment de mon ivresse ;
Elle troublait cette langueur,
Chantant comme un oiseau moqueur :
N'avait-elle pas de jeunesse ?

La jeunesse, elle était partout,
Dans son enfantine figure,
Dans son teint, dans sa voix, dans tout,
Dans mon cœur, dans mon sang qui bout,
Dans la saison, dans la verdure.
Et le soir nous revînmes las,
Moi, plein d'amour et de tristesse,
Elle, avec son sourire : hélas !
A quoi servent donc ici-bas
La mousse, l'ombre et la jeunesse ?

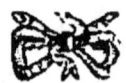

LA BRUYÈRE.

Un jour de la saison dernière,
Elle vint ici, m'apportant
    Une bruyère
Que nous fêtâmes en chantant,
Un jour de la saison dernière.

Je l'arrosais soir et matin,
Croyant que la plante donnée,
    A son destin
Tenait notre vie enchaînée ;
Je l'arrosais soir et matin.

Travail perdu, peine inutile.
Elle étouffe en ces murs étroits ;
    L'air de la ville
Est mortel à la fleur des bois.
Travail perdu, peine inutile.

La pauvre plante va mourir !
Elle se penche... Que m'importe ?
    Je sais souffrir ;
Je la garderai vive ou morte.
La pauvre plante va mourir.

J'arracherai ses fleurs pâlies,
Et je les tiendrai pour toujours
    Ensevelies
Dans le livre de nos amours.
J'arracherai ses fleurs pâlies.

Elles dormiront leur sommeil,
Sans demander l'eau des rosées,
    Ni le soleil,
Ni l'air des collines boisées.
Elles dormiront leur sommeil.

Le souvenir seul est durable :
L'espérance bâtit dans l'air
    Ou sur le sable,
Le temps présent est un éclair ;
Le souvenir seul est durable.

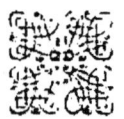

LA FERME DE BEAUVOIR.

C'est à la ferme de Beauvoir
Qu'est un troupeau de vaches blanches.
Je vais là-bas, tous les dimanches,.
    Rien que pour les voir.
Quand elles mangent dans l'étable,
On dirait des gourmands à table ;
Et, lorsque les foins sont rentrés,
Elles s'abattent sur les prés,
    Comme des avalanches.
Je vais le dimanche à Beauvoir,
Pour seulement apercevoir
    Les grandes vaches blanches.

C'est à la ferme de Beauvoir
Qu'est un grand chien qui bat les autres.
Le lundi, j'y mène les nôtres,
    Rien que pour le voir.
Mais dès qu'ils ont pu reconnaître
De quel côté s'en va leur maître,
Ils disparaissent pas à pas,
Tête en arrière et queue en bas,
    Comme petits apôtres.
Le lundi, je vais à Beauvoir,
Pour seulement apercevoir
    Le chien qui bat les autres.

C'est à la ferme de Beauvoir
Qu'est le vieux berger Nicodème.
Tous les jeudis, j'y vais de même,
   Rien que pour le voir.
Il me raconte un tas d'histoires;
Il épelle dans des grimoires
Et lit couramment dans la main.
Il est long comme un grand chemin,
   Et sec comme carême.
Le jeudi, je vais à Beauvoir,
Pour seulement apercevoir
   Le berger Nicodème.

C'est à la ferme de Beauvoir
Qu'est une fillette que j'aime.
Denise est son nom de baptême,
   Et je vais la voir.
Ce n'est pas pour les vaches blanches
Que je vais là tous les dimanches;
Je n'y vais pas tous les lundis
Pour le chien, ni, tous les jeudis,
   Pour le vieux Nicodème.
Tous les jours, je vais à Beauvoir,
Pour seulement apercevoir
   La fillette que j'aime.

LE VENT QUI PLEURE.

« Mon fils, mon fils, tu ne dors pas ;
   Repose-toi ; c'est l'heure.
— Mère, n'entends-tu rien là-bas ?
   — J'entends le vent qui pleure !

— Écoute : on dirait une voix ;
Il dit : Je suis la froide haleine,
Le soupir errant de la plaine,
Le frisson humide des bois.
Quand j'étends mes ailes funèbres,
La saison vermeille s'enfuit ;
Je pousse le jour vers la nuit
Et les rayons vers les ténèbres.
Je flétris les fleurs de l'été ;
J'emporte la feuille qui tombe ;
Et j'entraîne l'humanité
   Vers la tombe !

— Mon fils, mon fils, tu ne dors pas ;
   Repose-toi ; c'est l'heure.
— Mère, n'entends-tu rien là-bas ?
   — J'entends le vent qui pleure !

Écoute : c'est le cri lointain,
L'écho douloureux des orages ;
Les flots avides de naufrages,
Ce soir, réclament leur butin.

Entends-tu craquer le navire,
Les cordages siffler dans l'air?
Le mât se courbe vers la mer,
Et la voilure se déchire!
Vois-tu les marins à genoux?
A Dieu recommandons leur âme :
Priez pour eux, priez pour nous,
  Notre-Dame!

— Mon fils, mon fils, tu ne dors pas;
 Repose-toi; c'est l'heure.
— Mère, n'entends-tu rien là-bas?
 — J'entends le vent qui pleure!

— Écoute : ce sont les accents
Qui partent des âmes blessées;
C'est la plainte des délaissées,
C'est le désespoir des absents :
« Que t'ai-je fait, ô ma patrie,
Pour perdre ma part de ton ciel?
Ton lait a la douceur du miel,
Et ta poitrine s'est tarie!
Je suis l'orphelin irrité;
Je t'aimais d'un cœur idolâtre;
Pourquoi m'as-tu déshérité,
  O marâtre! »

— Mon fils, mon fils, tu ne dors pas;
 Repose-toi; c'est l'heure.
— Mère, n'entends-tu rien là-bas?
 — J'entends le vent qui pleure! »

FLORIMOND L'ENJOLEUR.

C'est un enjôleur de filles
Que ce monsieur Florimond ;
Tous les parents vous diront
Qu'il fait l'effroi des familles.
Pourtant il a l'air si doux,
Et sa figure est si bonne,
Qu'il n'effarouche personne
Quand il passe près de vous.
Il vous dit avec mystère
   (C'est un vrai démon!) :
  « Bonjour, Berthe ou Claire.
— Bonjour, monsieur Florimond. »

Il est toujours sur la piste,
Lorsque nous nous promenons.
Il sait par cœur tous les noms
De grisette ou de modiste.
Sur l'horloge du quartier
Il faut qu'il règle sa montre,
Car toujours on le rencontre
Au sortir de l'atelier.
Il passe... on sourit, on cause
   (C'est un vrai démon!) :
  « C'est vous, Jeanne ou Rose?
— C'est moi, monsieur Florimond. »

Ne croyez pas qu'il soit louche
S'il regarde de travers ;
Il vous parle à mots couverts
D'un seul côté de la bouche.
Il sait dire ce qu'il veut :
« Cher ange ! charmante fille !
Beau temps ! » si le soleil brille,
Et s'il pleut... eh bien, s'il pleut,
Il vous prête un parapluie
   (C'est un vrai démon !) :
   « Prenez, Amélie.
— Merci, monsieur Florimond. »

Dans les fêtes de village
Toujours nous le rencontrons ;
Il nous offre des marrons
Et des objets de ménage.
Mais s'il aperçoit là-bas
Les yeux des parents sévères,
Il fait apporter des verres
Pour boire avec les papas ;
Et tout bas il vous invite
   (C'est un vrai démon !) :
   « Valsons, Marguerite.
— Valsons, monsieur Florimond. »

L'autre jour, il m'a suivie
Jusqu'au chemin de la croix.
Je n'ai jamais eu, je crois,
Si grande peur de ma vie.
Il parlait si bien, si bien,
Il racontait des folies

36.

Si drôles et si jolies,
Que je n'y comprenais rien.
Puis, prenant sa voix câline
　(C'est un vrai démon!),
　Il dit : « Joséphine!...
— Nenni, monsieur Florimond! »

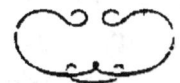

LA MÈRE FRANÇOISE.

« Où vas-tu, la mère Françoise,
Avec ton grand voile croisé
Et ton manteau couleur d'ardoise,
Le long du chemin malaisé?
La nuit pourrait bien te surprendre,
    Le ciel est noir.

— Là-bas, là-bas, je vais l'attendre;
    Il doit rentrer ce soir.

— Ah! pardon, j'oubliais : la guerre,
Ton fils Joseph... je l'ai connu;
Il était soldat... Pauvre mère!
Il est... il n'est pas revenu.
Toi seule n'as pas pu comprendre
    Ton désespoir.

— Là-bas, là-bas, je vais l'attendre;
    Il doit rentrer ce soir.

— Et tu l'attends encore? Écoute :
Ici-bas, on sait quand on part;
On se retrouvera sans doute,
Les uns plus tôt, d'autres... plus tard.
Mais l'heure, nul ne peut prétendre
    A la savoir.

— Là-bas, là-bas, je vais l'attendre;
    Il doit rentrer ce soir.

— Mère Françoise, aime ta fille ;
Ton Joseph, il faut l'oublier ;
Les garçons n'ont pas de famille ;
Les filles gardent le foyer.
Elle, tu peux toujours l'entendre,
  Toujours la voir.

— Là-bas, là-bas, je vais l'attendre ;
  Il doit rentrer ce soir.

— Écoute : j'ai cru reconnaître
La voix qui t'appelle là-bas.
Demain, il reviendra... peut-être ;
Elle t'attend, viens, prends mon bras.
Ensemble nous allons descendre
  Le long chemin.

— Demain, demain, j'irai l'attendre,
  Il reviendra demain. »

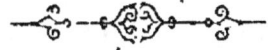

CONSOLATION.

Nous avons trop versé de larmes ;
Trop de plaisirs nous ont lassés ;
Remettons-nous des anciennes alarmes,
Consolons-nous de nos bonheurs passés.

Consolons-nous, ô mon amie,
Des jours heureux, des mauvais jours :
Si nous avions l'âme moins affermie,
Nous douterions de nos longues amours.

Nous avons eu nos temps d'orage
Et nos soleils éblouissants ;
Et maintenant, échappés du naufrage,
Éloignons-nous de ces flots menaçants.

Nous avions des gaîtés sans cause,
Comme des chagrins sans raison,
Qui nous faisaient rire de toute chose,
Ou qui sur nous répandaient leur poison.

Voici le calme de l'automne,
Après les ardeurs de l'été ;
Sans amertume et sans lutte il nous donne
Son abondance et sa tranquillité.

Vous fûtes mon plus grand délice,
Et je n'ai souffert que par vous :
Que le printemps à l'automne s'unisse
Dans un lointain mélancolique et doux.

Ainsi de tons riches et sombres
Le peintre charge ses pinceaux;
Et de l'hymen de l'éclat et des ombres
Naît l'harmonie, âme de ses tableaux.

Je garderai de mon martyre,
Je garderai de mon bonheur,
Une tristesse au fond de mon sourire,
Comme un sourire au fond de ma douleur.

LA MOUCHE DE M. LETORTU.

Quand monsieur Letortu se couche,
Il pense endormir son ennui;
Mais une coquine de mouche
Vient bourdonner autour de lui.
  Bji.
La mouche lui dit à l'oreille :
« L'ami, l'ami, tu n'es pas beau :
Voyez le drôle de museau
  Quand il sommeille !

  — Te tairas-tu,
Mouche de monsieur Letortu ?
  — Bji.

— Que me veut cette impertinente ?
Va-t'en, mouche du diable, sors !
Je n'aime pas qu'on me plaisante ;
Je suis grave lorsque je dors. »
  Bji.
Aussitôt la mouche de dire :
« Histrion, sois grave, tant mieux ;
C'est justement ton sérieux
  Qui me fait rire.

  — Te tairas-tu,
Mouche de monsieur Letortu ?
  — Bji.

— Je suis riche et ne puis comprendre
Cette étrange inquisition :
Si le sommeil était à vendre,
J'en aurais pour un million.
   Bji.
— L'ami, l'ami, ton or est louche ;
Tu l'as gagné, par quel moyen ?
Ne le dis pas ; Dieu le sait bien,
  Et moi, ta mouche.

  — Te tairas-tu,
Mouche de monsieur Letortu ?
   — Bji.

— Une chose me contrarie :
J'ai trop longtemps boudé le roi.
Pour servir encor ma patrie,
J'accepterais un bon emploi.
   Bji.
— Voyez-vous ces petits apôtres
Qui servent leur bourse et le roi !
Nous saurons nous passer de toi
  Et de bien d'autres.

  — Te tairas-tu,
Mouche de monsieur Letortu ?
   — Bji.

— C'en est trop, et, sur ma parole,
Tu me le paîras cette fois. »
Il se lève... La mouche vole ;
Mais elle est prise entre deux doigts.
   Bji.

La mouche expire sans défense ;
Mais elle dit en bourdonnant :
« Où placeras-tu maintenant
    Ta conscience ? »

    — Te tairas-tu,
Mouche de monsieur Letortu ?

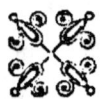

UN REGARD.

Le ciel était chargé d'orage ;
L'oiseau poussait son cri d'effroi,
Lorsque, dans l'ombre du nuage,
Un clair rayon se fit passage,
Et ce rayon tomba sur moi.

Je crus que la nature entière
Chantait l'hymne de son réveil.
Je voulus lever la paupière,
Et je reconnus ta lumière,
O mon étoile, ô mon soleil !

Car ce rayon était la flamme
De ton regard et non des cieux ;
Et le regard de toute femme
Est un rayon qui part de l'âme
Pour traverser le ciel des yeux.

Je sentis ma poitrine atteinte
Comme d'une pointe d'acier ;
Mais je reçus le coup sans plainte,
Et j'en veux conserver l'empreinte,
Comme la marque d'un collier.

Dans ce regard (je sais me taire),
Dans ce regard j'ai lu ton cœur.
Et je m'enferme, solitaire,
Pour m'enivrer de mon mystère,
Comme on savoure une liqueur.

Pardonne, si j'ai su traduire
Ton furtif et muet aveu ;
Ta bouche n'eût osé le dire ;
Ma main se refuse à l'écrire ;
Je l'emporte avec ton adieu.

Quand viendra la saison glacée,
Triste au retour comme un départ,
J'évoquerai par la pensée
Cette lueur non effacée,
Pour me chauffer à ton regard.

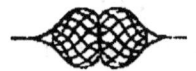

LA NÉVRALGIE.

Le mal que nos grossiers aïeux
Avaient appelé rhumatisme
A pris un nom mélodieux,
Grâce à notre néologisme.
Les nerfs, aux dépens des humeurs,
Ont trouvé leur sphère élargie ;
Ainsi font la mode et les mœurs :
Tout le monde a sa névralgie.

Dès qu'elle vous prend tête ou bras,
Cette infatigable compagne
Vous parcourt du haut jusqu'en bas
Et de la plaine à la montagne.
En vain la chassez-vous du sud,
Au nord elle se réfugie,
Insaisissable comme Jud...
Tout le monde a sa névralgie.

Hélas ! n'avons-nous pas aussi,
Dans notre petite cervelle,
Un hôte assidu, le souci,
Qui voyage et se renouvelle ?
Soyez berger ou soyez roi,
Toujours l'implacable vigie
Vous regarde et vous dit : C'est moi.
Tout le monde a sa névralgie.

Son nom est ici vanité,
Là-bas, misère et poésie,
Ambition, de ce côté,
De l'autre, amour et jalousie.
Traitez le mal vieux ou nouveau
Par l'abstinence ou par l'orgie;
Il boit du vin, il boit de l'eau.
Tout le monde a sa névralgie.

Médecins, rebouteurs de corps,
Philosophes, rebouteurs d'âmes,
Découvrez-nous donc vos trésors
De préceptes et de dictames.
Vos successeurs, pour nos enfants,
Inventeront quelque magie.
Nous sommes trop vieux de cent ans.
Tout le monde a sa névralgie.

LE BONHOMME SÉRAPHIN.

Dans ma ville de province,
Étant enfant, j'ai connu
Un vieillard petit et mince
Dont le nom m'est revenu.
Il s'habillait à la mode
Des écoliers; mais enfin,
Il était vieux comme Hérode,
Le bonhomme Séraphin.
Et nous disions au collége
Que ses cheveux fins et longs,
Ayant traversé la neige,
Étaient redevenus blonds.

Notre tête est une cage
Faite pour un hôte ailé;
Elle a perdu son usage
Quand l'oiseau s'est envolé.
Dans sa folie ingénue,
Le pauvre vieillard disait
Sa jeunesse revenue :
Est-ce lui qui s'abusait?
Avec ses traits doux et blêmes
Il inspirait la pitié :
Les petits enfants eux-mêmes
L'avaient pris en amitié.

Tous les jours, quand la cohorte
Des écoliers matineux
Rasait le seuil de sa porte,
Il prenait rang avec eux.
Puis, dans un coin de la classe,
Sans se distraire un moment,
Toujours à la même place
Il ouvrait son rudiment.
Puis enfin, quand les aiguilles
Marquaient midi, grave et lent,
Il allait jouer aux billes
Ou guider un cerf-volant.

Ainsi, d'année en année,
Il suivait le même cours,
Et la classe terminée
Pour lui commençait toujours.
Un matin, le vieil élève
A son banc ne parut pas :
Il avait, comme en un rêve,
Passé de vie à trépas.
Et les enfants de la ville,
Qui le croyaient endormi,
Jusqu'à son dernier asile
Conduisirent leur ami.

Si le ciel, en ma vieillesse,
Devait briser la cloison
Qui tient captive l'hôtesse
Que j'appelle ma raison,
Au moins, dans son inclémence,
Qu'il adoucisse ma fin,

En m'accordant la démence
Du bonhomme Séraphin;
Et, parmi la bande folle,
Je veux qu'il me soit permis
De retourner à l'école
Avec mes petits amis.

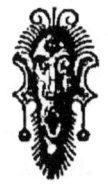

ADIEUX A UN AMI.

Ainsi tu pars, et je demeure
Tout seul dans la maison qui pleure
    Un maître absent ;
Ton amitié l'avait peuplée,
Et tu la laisses désolée,
    En me laissant !

Ainsi passera comme un rêve
L'intimité longue et trop brève
    Qui nous unit.
Quand les oiseaux ont pris leurs ailes,
Adieu les amours fraternelles,
    Adieu le nid.

Je contemple d'un œil avide
La place qui va rester vide
    A mon foyer ;
Nous étions faits pour vivre ensemble,
Et maintenant, vois-tu, je tremble
    De t'oublier.

Oh ! non, tu ne pourrais le croire ;
N'attristons pas notre mémoire,
    Serrons nos fleurs ;
Rappelons-nous ce que nous sommes,
Et qu'il ne sied pas à des hommes
    De fondre en pleurs.

Gardons une image sereine
De ces jours révolus à peine,
    Légers et doux;
Sachons achever notre ouvrage;
Ayons ce suprême courage :
    Souvenons-nous.

Écoute : il est minuit, j'arrive;
Tu m'attends, l'oreille attentive,
    Près des tisons;
Bientôt la lampe est ranimée,
J'ai pris ma place accoutumée,
    Et nous causons.

O gens de bourse et de finance,
Gens plus sérieux qu'on ne pense,
    Juifs ou chrétiens,
Que nous apprêterions à rire
Si quelqu'un pouvait vous redire
    Nos entretiens.

Car notre ambition commune
Ne fatigue pas la fortune
    Et ses hasards;
Nous buvons la vieille ambroisie
Que nous versent la poésie
    Et les beaux-arts!

C'est au commerce des génies
Que nos âmes se sont unies
    D'un doux lien,
Et que béni soit leur empire,
Si l'amour du beau nous inspire
    L'amour du bien!

Là, nous trouvons une patrie,
Nous relevons, toute meurtrie,
    La vérité ;
Nous soulevons un coin du voile
Qui nous cache encore une étoile,
    L'humanité !

Oh ! n'abaissons pas nos pensées ;
Tenons-les fièrement dressées
    Vers les hauts lieux !
Nous nous sommes fait la promesse
De respecter notre jeunesse,
    Devenus vieux.

Mais, selon notre noble envie,
Rendons conforme notre vie
    A nos discours ;
Va maintenant où Dieu t'envoie,
Nous avons la moisson de joie
    De nos vieux jours.

Vois, je ne répands plus de larmes ;
Ta vertu vient donner des armes
    A ma douleur ;
Mon foyer ne sera pas vide,
C'est là que ton âme réside ;
    Je n'ai plus peur.

C'est là que je te garde un temple ;
Sois mon conseil et mon exemple,
    Inspire-moi ;
Et si tu reviens, je l'ignore,
Puisses-tu me trouver encore
    Digne de toi !

O ma chambre silencieuse,
Le bruit qui vous faisait joyeuse
　　S'est endormi....
Mais, écoutez, soyez discrète,
Demain, nous célébrons la fête
　　De notre ami !

TABLE.

Avant-propos de la première édition	1
Les indulgences (1857)	3
Vieille histoire	4
Un banquet (1847)	6
L'invalide	11
Les reines de Mabille	13
Volupté	17
Nous sommes gris	19
A Béranger	22
La lorette	24
La lorette du lendemain	28
Le melon	31
L'automne	33
Trompette	35
Je m'embête!	38
Ma femme n'est pas là	40
Voilà pourquoi je suis garçon	42
Ivresse!	45
Madeleine	49
Aujourd'hui et demain	52
Ma clé	54
Adèle	56
Les mois	59

La chaumière	61
Les grands-pères	66
L'inconnu	68
Un propriétaire	70
Ursule	73
Au coin du feu	75
Les poisons	77
Palinodie	79
Voyage en Icarie	82
Les pauvres d'esprit	84
Beauté	86
Je pêche à la ligne	88
Les peuples (1848)	90
Je ris	92
Pastorale	94
Le souper de Manon	96
Chauvin	98
Le champagne	100
Une fée	102
Dans cinquante ans	104
Les hommes utiles	106
Fantaisie	108
Les rats	110
Les écrevisses	112
La meunière et le moulin	115
Jean qui pleure et Jean qui rit	117
La kermesse	120
Pierrette et Pierrot	123

Les écus....................................	125
Un mari malheureux...........................	128
May..	131
Est-ce tout?.................................	135
Les deux....................................	137
Le vieux tilleul..............................	139
Le quartier Latin............................	141
Les amants d'Adèle...........................	145
Monsieur Bourgeois (1848)....................	147
Le château et la chaumière...................	149
Toinette et Toinon...........................	151
Mes enfants.................................	153
Le docteur Grégoire..........................	155
Quitte à quitte..............................	158
Perrette et le sorcier........................	160
Satan marié.................................	162
La gaieté française..........................	164
Les boutons.................................	167
Rêves et réalités............................	169
La ballade au moulin.........................	171
Les gros mots...............................	173
Le carnaval à l'Assemblée nationale (1850)....	176
Les confessions.............................	180
Les cerises de Montmorency (1850)............	182
Les étrennes de Julie........................	184
Je n'aime pas................................	186
Auguste.....................................	188
Les dieux...................................	190

Boisentier	192
Chut!	194
Le coucher	196
Bonhomme	198
La ligue des maris	201
Louise	204
La chanson de trente ans	206
La solution (1851)	208
Le phalanstère	212
Thérèse	215
Le lion d'or	218
Le dix-cors	222
Les impôts (1851)	224
Les réformes (1851)	226
Le message	229
Pandore ou les deux gendarmes	231
L'histoire du mendiant	233
La valse des adieux	236
Les voix de la nuit	237
Rose-Claire-Marie	240
La première maîtresse	242
Le voyage aérien	245
Mon héritage	247
Paris	249
L'été de la Saint-Martin	252
Mes mémoires	254
Le jardin de Téhadja	258
Souvenirs de voyage	259

La bayadère voilée...............................	262
Insomnie...	264
La vieille servante...............................	266
Il faut aimer....................................	268
Ma philosophie...................................	270
Les deux notaires................................	273
La petite ville...................................	276
Le chevalier à boire.............................	278
La forêt...	280
Lanlaire...	282
Cheval et cavalier...............................	286
Pêcheur silencieux...............................	288
L'aveu...	291
Des bêtises......................................	293
Le fou Guilleau..................................	296
La nacelle.......................................	298
Père capucin.....................................	301
La pluie...	303
Les plaintes de Glycère..........................	305
Le vieux télégraphe..............................	307
Ma sœur..	310
Les ruines.......................................	312
La mère Godichon.................................	314
Monsieur de la Chance............................	318
La fille de l'amour..............................	320
Lettre d'un étudiant à une étudiante.............	322
Réponse de l'étudiante à l'étudiant..............	325
Ma voisine.......................................	328

Le vallon de la jeunesse	330
La vie moderne	332
Le pot de vin	335
L'aimable voleur	337
Les heureux voyageurs	340
La vigne vendangée	343
Le cigare	345
Les lamentations d'un réverbère, ou le gaz à l'Institut.	347
La confidence	349
La chanson de Gros-Pierre	351
Les pêcheuses du Loiret	354
Le puits de Pontkerlo	356
Les projets de jeunesse	358
Le sultan	360
La cuisine du château	362
Chanson napolitaine	365
La bûche de Noël	367
Macadam	369
Le pays natal	373
La lecture du roman	375
Le nid abandonné	378
L'histoire de mon chien	380
Libre! (1860)	383
Mon ami Bernique	385
Nuit d'été	388
Mon oncle Gaspard	390
L'attente	393
L'oubli	395

Le roi boiteux................................... 397
L'improvisateur de Sorrente..................... 398
Les côtes d'Angleterre 401
A propos d'annexion (1860).................... 403
M'aimez-vous?................................ 406
Le mandarin................................... 408
Elle!... 411
Une histoire de voleur......................... 413
La promenade................................. 416
La bruyère.................................... 418
La ferme de Beauvoir........................... 420
Le vent qui pleure............................. 422
Florimond l'enjôleur............................ 424
La mère Françoise............................. 427
Consolation 429
La mouche de M. Letortu....................... 431
Un regard 434
La névralgie.................................. 436
Le bonhomme Séraphin........................ 438
Adieux à un ami............................... 441

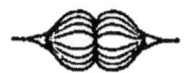

www.ingramcontent.com/pod-product-compliance
Lightning Source LLC
Chambersburg PA
CBHW052233220526
45471CB00001B/32